M. REYNÈS-MONLAUR

SAINTE GENEVIÈVE

avec la reproduction d'une aquarelle de

SON ALTESSE ROYALE

MADAME LA DUCHESSE DE VENDÔME

PARIS

LIBRAIRIE PLON

PLON-NOURRIT ET C⁴, IMPRIMEURS-ÉDITEURS

8, RUE GARANCIÈRE - 6ᵉ

Il a été imprimé de cet ouvrage :

50 exemplaires sur papier pur fil des papeteries Lafuma, dont 40 numérotés de 1 à 40 et 10 non numérotés, hors commerce.

L'édition originale a été tirée sur papier d'alfa.

SAINTE GENEVIÈVE

M. REYNÈS-MONLAUR

SAINTE GENEVIÈVE

avec la reproduction d'une aquarelle de

SON ALTESSE ROYALE

MADAME LA DUCHESSE DE VENDÔME

PARIS

LIBRAIRIE PLON

PLON-NOURRIT et Cⁱᵉ, IMPRIMEURS-ÉDITEURS

8, RUE GARANCIÈRE - 6ᵉ

A Son Altesse Royale

MADAME LA PRINCESSE GENEVIÈVE D'ORLÉANS, COMTESSE DE CHAPONAY

Souvenir d'un pèlerinage à Nanterre.

REYNÈS-MONLAUR.

A vous qui me suivez depuis tant d'années avec fidélité parce que, au seuil de ces années lointaines, j'ai prononcé pour vous le nom de Jésus-Christ, à vous que je ne connais pas, à vous surtout dont je connais le regard et l'âme, je dédie ces pages.

Vous y lirez l'histoire d'une fille de Dieu et d'une fille de France. Nous trouvons en elle, avec le don au Seigneur le plus entier, et la vie surnaturelle la plus intense, toutes les qualités de race que nous aimons : l'amour passionné du pays, la lutte instinctive contre le Barbare, l'emprise sur les faibles et leur groupement devant l'envahisseur, le mépris du danger et de la mort, la force, et cette bonté qui incline vers les pauvres et les petits, qui a une consolation pour toutes les larmes et n'ignore aucune des formes de la charité. Tout cela avec le beau sourire, « le clair visage » que marquent les vieux chroniqueurs, avec ce bon sens français, ami de la mesure et de la discrétion que nous trouvons chez tous nos chers saints.

Voulez-vous qu'ensemble nous lisions cette histoire? Ce sera comme une conversation entre nous. Nous prendrons le plus vieil historien, collationné par les Bollandistes, un clerc qui a écrit la vie de notre sainte, dix-huit ans à peine après qu'elle fut morte. Nous suivrons pas à pas ce précieux document. Nous devons à Mgr Duchesne, et à la lutte acharnée du Belge Godefroid Kurth contre les détractions

d'outre-Rhin, la certitude que cette loin-
taine histoire est authentique. Aussi bien
ne fallait-il pas trouver à nos côtés notre
sœur la Belgique, dans les luttes savantes
contre les barbares, après les luttes sanglantes? Nous la saluons en passant,
comme nous saluerons tous ceux qui nous
aideront à revivre la merveilleuse histoire.
Je vous indiquerai à mesure mes sources
pour que vous puissiez y puiser à votre
tour. Je vous parlerai de mes maîtres. L'un
d'eux, un grand savant que ses travaux
sur notre Gaule ont illustré, voit en notre
petite Geneviève une grande dame dont
les parents, amis des évêques, avaient une
haute situation sociale : pour employer sa
comparaison, une sorte de Mélanie du
mont Aventin. Mais nos textes ne disent
pas cela; et notre Jeanne d'Arc sauva la

France, toute bergère qu'elle fût. Sainte
Geneviève n'était sans doute pas une bergère. La légende, il est vrai, a planté sa
gracieuse houlette, entre les moutons, sur
les bords en fleurs de la Seine : et en fille
de petits propriétaires qu'elle était, il est
bien possible qu'elle ait gardé le modeste
troupeau des siens. L'histoire nous indique,
par quelques traits, une condition aisée, la
vie d'une Gallo-Romaine de condition libre
au cinquième siècle. Elle nous la montre
entraînant les âmes, non par sa naissance
distinguée, mais par une sainteté plus
haute que la naissance, qui en imposait
à tous. Suivons notre belle histoire. Chacune de nous a quelque chose à y prendre.
Toute la grâce et la pureté de la jeunesse
de Geneviève charmera ses jeunes sœurs;
les épreuves et les travaux de son âge mûr

donneront du courage à celles qui, à une
heure ou à une autre, ont été méconnues,
ont souffert et ont persévéré. Son dévoue-
ment aux évêques, sa passion de la liturgie,
la forme antique de sa prière attireront
les âmes avides de se retremper à leurs origines. Et quand cette vaillante femme de
quatre-vingts ans dormira son dernier sommeil entre le roi encore à demi barbare
et la sainte reine qui président à nos destinées, après un dernier long regard sur
sa Lutèce, nous bénirons toutes ensemble
la sainte des énergies nationales, notre
sainte de France, dans la plus grande des
Gallo-Romaines.

REYNÈS-MONLAUR.

SAINTE GENEVIÈVE

CHAPITRE PREMIER

I

Une après-midi de fin d'hiver ; peut-
être un jour de soleil ; peut-être et plus
vraisemblablement un jour de pluie ; ou
enfin, puisque le peuple de Nanterre
attend sur les berges de la Seine les
évêques qui viennent de Paris, une heure
claire à la fin d'une journée pluvieuse,
un soleil timide entre les arbres dénudés,
un ciel léger, aux teintes fines, et cette
buée qui monte du fleuve et enveloppe
de brume les contours trop nets.

Nanterre est déjà, depuis saint Martin au moins, un centre chrétien comme elle était auparavant un centre païen, un « martray » (ou *martyria*) après le *vicus sanctus* (1). C'est une paroisse où la vie chrétienne comme on la comprenait alors, enclose dans la prière publique et sociale, a tout son essor. C'est même la seule paroisse du pays, et Chilpéric plus tard y fera baptiser son fils.

On y savait donc quels étaient les deux évêques, — envoyés par le pape Célestin pour combattre en Grande-Bretagne l'hérésie de Pélage, — qui allaient s'arrêter quelques heures dans le pays. Et le peuple de Nanterre, amoureux comme ses aïeux d'histoires, de nouvelles et de bruit,

---

(1) C. JULLIAN, *Revue des Etudes anciennes*, notes gallo-romaines, Nanterre, juillet-septembre 1924.

épris aussi et surtout du désir de voir deux des plus grands évêques des Gaules, s'échelonnait sur la berge pour une attente indéfinie. Les « Nautes » parisiens, malgré leur célébrité depuis le premier siècle, ne devaient pas se piquer d'exactitude ; et qui ne sait qu'entre les bois et les marécages, la Seine, si fréquemment débordée à ce moment de l'année, rendait les plus courtes distances longues à franchir ?

On charmait le temps comme on pouvait en parlant des arrivants ; ils étaient des plus illustres. On se racontait leur histoire. Elle était propre à enchanter les imaginations gallo-romaines, amies des choses éclatantes et des choses mystérieuses, amies aussi de ce grand principe d'ordre que la Rome des Césars avait imposé à leur terre, que la Rome des papes apportait au delà de l'extérieur, au delà des apparences, dans l'intime des vies et des consciences.

Écoutons parler les bonnes gens ; et si nous voulons vérifier leurs dires, allons aux Bollandistes et à Sidoine Apollinaire : son Constantius écrivant la merveilleuse histoire de Germain sur l'ordre de Patiens, évêque de Lyon, en savait peut-être moins que nos paysans, en disait moins, sans doute.

L'évêque Germain, fils du sénateur et du comte d'Auxerre, avait étudié à Rome l'éloquence et le droit. Marié, sénateur à son tour, chef d'armées entre la Garonne et la Seine, puissant et riche, il excellait dans tous les exercices violents ; il aimait surtout la chasse avec

passion, et selon l'antique coutume gauloise (les âmes de nos aïeux gardaient
jusqu'aux superstitions qui avaient pétri
leurs âmes), il suspendait les têtes des
loups, des sangliers ou des cerfs de ses
chasses à un grand arbre, proche de la
place publique, pour que tout le peuple
admirât son adresse : c'était l'inscription
au tableau. Amateur, évêque d'Auxerre,
lui avait fait là-dessus des représenta-
tions sérieuses. Cet arbre était un vestige
du paganisme, un de ces arbres sacrés
pareils à ceux que Martin de Tours abattait sur son passage, pour entraîner dans
leur chute la chute des vieux dieux. Il
ne convenait pas qu'un chrétien parût
apporter un tribut aux idoles. Mais les
admonestations de l'évêque demeuraient
vaines ; de nouvelles courses en forêt

amenaient de nouveaux exploits ; le vieux
tronc était toujours couvert de dépouilles.
Si bien qu'un beau jour, irrité et lassé,
l'évêque passant des paroles aux actes,
fit abattre le chêne druidique ; puis,
étonné de sa propre audace, craignant
tout de la fureur du comte, il s'enferma
dans son église et attendit ; et voici que,
tandis qu'il attendait, poussé par une
inspiration divine et méprisant toute
crainte, il médita une résolution encore
plus étonnante que la première. En effet,
lorsque dans ce temple fermé, brisant
tous les obstacles, Germain s'élança furieux jusqu'au siège de l'évêque, la légende ne dit pas si un corps-à-corps
s'ensuivit. Mais Germain fut saisi ; ses
cheveux blonds de Celte firent place à la
tonsure ; de gré ou de force, il semblerait

que c'était de force plutôt que de gré, on le revêtit des vêtements des clercs, tandis que l'évêque annonçait au peuple que Germain serait son successeur aux acclamations répétées : « Germain, évêque ! Germain, évêque ! » Et cela fut ainsi... Ces détails sont-ils bien authentiques? Ne le demandons pas à nos érudits. Ce qui est certain, c'est que le grand seigneur devint un grand évêque, un de ces admirables évêques gallo-romains du cinquième siècle que nous retrouverons, chemin faisant. Il abandonna ses terres, ses honneurs, ses troupes et ses chasses, la trabée, sa femme enfin ; tout ce qui jusque-là avait été pour lui « la vie », pour devenir, pauvre, humble et pur ; la pénitence et la prière le domptèrent ; des files de malheureux remplacèrent à sa

suite les compagnons de plaisir ; les miracles se multiplièrent sur les pas de celui
qui avait débuté par le plus étonnant de
tous : se vaincre soi-même. Et plus grand
après qu'avant tous ces renoncements,
illustre dans le monde chrétien, le pape
Célestin l'avait choisi comme son légat
en Bretagne pour aller y combattre
l'hérésie de Pélage, en cette année 429.

Il lui avait adjoint Loup, évêque de
Troyes, lui aussi noble, vaillant et riche ;
marié d'abord à la sœur d'Hilaire de
Poitiers ; veuf et moine de Lérins, il en
était sorti contre son gré pour être, lui
aussi, fait évêque. Sidoine Apollinaire
l'appellera le plus grand pontife des
Gaules. Nous retrouverons saint Loup à
une heure critique de notre histoire.

Maintenant, dans la douceur du jour

finissant, voyons les deux évêques descendre de leur barque au milieu des cris de joie du peuple qui se forme en procession pour accompagner les deux saints à l'église. Ils mettent pied à terre en face d'une petite bourgade, sur une antique voie qui court de la Seine au Mont-Valérien. Tous s'empressent pour toucher leurs vêtements et avoir une bénédiction. Comme dans tout le cours de leur voyage, on leur mène les malades et les infirmes ; on se presse autour d'eux. La piste est étroite. Les prairies sont des marécages ; il n'y a pas de fleurs sur les talus. Les arbres aux ramures fines sont dépouillés de leurs feuilles ; les vieux troncs nus, rugueux et noirs, ou les troncs argentés couverts de mousse sont encore luisants de la dernière pluie ; on les croirait morts.

Et ce paysage lui-même semblerait mort sans la douce lumière. Mais en haut, tout en haut des puissantes ramures, là où les branches sont si légères qu'on dirait une eau-forte, jetée par quelque graveur invisible, des touffes de gui restent suspendues comme des nids d'oiseaux, petites choses aériennes qui symbolisent le vieux passé, avec le printemps tout proche.

Ainsi au milieu de cette terre aux assises païennes, terre gauloise et celtique aux temples et aux sources sacrées, Nanterre, Gennevilliers, le Mont-Valérien ; puis, terre de conquête chrétienne et centre de vie religieuse, la petite Geneviève se pose dans la fraîcheur de ses six ans ; et les regards des pontifes s'arrêtent sur le clair visage, comme tout à l'heure sur les touffes vertes du gui.

II

Que ce visage fût « radieux », notre vieux chroniqueur qui écrit dix-huit ans après la mort de la sainte et que nous suivons pas à pas, et les autres historiens le disent ; « clair », « beau », « céleste », « très doux » : ces épithètes et bien d'autres reviennent à chaque instant. Nous n'avons qu'à ouvrir les yeux pour rencontrer autour de nous ces visages d'enfants aux traits de notre race et de notre sang, et nous pouvons nous représenter notre petite Geneviève comme l'un de ces petits, les cheveux blonds, le teint clair, la bouche entr'ouverte pour

le sourire, et ces grands yeux limpides
et profonds qui, chez elle, semblaient
souvent voir au delà. Elle était de condition libre ; elle avait dû revêtir naturellement pour ce grand jour, des mains
de sa mère, sa petite tunique blanche,
telle que Puvis de Chavannes nous la
montre, telle qu'une main auguste l'a
représentée, toute charmante, au début
de ce livre ; elle se tenait le plus en avant
qu'elle pouvait sur le bord du talus,
pour mieux voir ; nous disions tout à
l'heure qu'il n'y avait pas de fleurs?
Mais Geneviève était la fleur de paradis
de ce paysage d'hiver, et les yeux des
évêques ne s'y trompèrent pas. A travers
les charmes de l'enfance, de l'innocence
et de la joie, les saints distinguèrent,
comme ils le font parfois, les signes d'une

vie plus profonde ; ce visage « qui avait quelque chose de céleste » portait déjà le sceau d'une âme prédestinée à l'immortel amour ; et la plus belle histoire d'ici-bas, celle de l'appel de Dieu et de la réponse de l'âme, s'écrivit, devant Germain, lorsqu'il vit l'enfant.

Tout le long de notre récit, nous allons côtoyer le surnaturel ; nous rencontrerons d'autres portes ouvertes sur l'Invisible. Arrêtons-nous cependant un instant à ce regard de l'évêque embrassant le temps et l'éternité. Il nous rappelle, dans l'Évangile, un autre regard, le regard de Celui qui, lisant directement dans chaque âme, appelait les siens un à un, ceux qui répondaient et ceux qui s'éloignaient tristes parce qu'ils avaient de grands biens.

Mais Geneviève ne s'éloignait pas. Tout de suite, Germain s'était enquis de ses parents, Sévère et Gerontia : ils arrivèrent avec empressement.

« Heureux parents ! leur dit l'évêque. Votre fille est appelée à quelque chose de grand. Sa sainte vie et sa consécration au Seigneur en sauveront beaucoup. »

Escorté des parents, émus et ravis, des bonnes gens qui, de bouche en bouche, redisaient avec surprise ces paroles, l'évêque tenant sa main sur la tête de la toute petite fille, — elle avait six à sept ans — reprit le chemin de l'église. Et elle, par cette loi qui attire invinciblement les purs vers les saints, suivait toute illuminée. Une conversation mystérieuse se tenait entre l'évêque et l'en-

fant. Le bon clerc la rapporte en pé-
riodes trop ordonnées : il n'y était pas,
il le dit et cela se voit. Retenons seulement la parole de l'évêque : « Veux-tu
servir le Christ comme son épouse? »
Cette parole, sous une forme ou sous
une autre, le pontife la disait depuis
l'aube du christianisme, « sans pour
cela diminuer l'honneur de la bénédiction nuptiale », « aux âmes plus sublimes,
qui aspirent au don plus élevé procé-
dant de l'abîme de la miséricorde du
Seigneur », comme chante l'antique pré-
face de la *Consécration des vierges*. Et
l'enfant, qui ne savait pas sans doute
ce qu'était ce don, savait pourtant ce
qu'était aimer le Seigneur. Les enfants
chrétiens l'apprennent de bonne heure.
Souvenons-nous de nos saintes, de nos

vierges, de nos martyres de Rome ; de
cette petite Agnès qui, à douze ans, brava
les juges, les tourments, la mort, passa
comme un rayon de soleil à travers le feu
et la honte ; de la petite esclave Blandine
sur notre terre, de tant d'autres... Geneviève de toute son âme joyeuse :
« Oui, Père. Je le veux par-dessus tout. »
Il faut bien croire que l'instinct qui lui
dicta cette réponse venait d'en haut
puisque sa longue vie de quatre-vingts
ans y fit un écho de chaque jour.

Dans le jour finissant, le seuil de
l'église franchi pour chanter Nonne et
Vêpres avec le peuple, voyons le grand
évêque général d'armées, sénateur
d'Auxerre et *defensor civitatis*, la main
droite toujours posée sur la tête de
la petite fille agenouillée à ses pieds,

et « faisant sur elle de longues prières ».
Une telle gravité, une telle instance auprès de Dieu, pour distinguer et séparer
ce que le Seigneur s'était déjà réservé?
Oui. Nous étudierons cette consécration au cours de la vie de Geneviève,
et les oraisons admirables par lesquelles
l'Église appelle sur l'être fragile la force,
sur l'être changeant la constance, sur
l'être de chair et de sang la pureté. Et
ayant fait tout cela, l'ayant sacrée et
vouée au Christ, lui, le vieux Gallo-
Romain si passionné pour son passé
qu'il en avait aimé jusqu'aux superstitions, il continua à prier et à bénir. Sans
doute la même lumière qui lui montrait
l'âme vouée à Dieu lui montrait aussi
l'âme vouée à la patrie, et il sacrait cette
Gallo-Romaine pour sa grande œuvre de

force, pour que, libre, elle aussi, coura-
geuse, fidèle au sol et à la race, fille des
évêques et digne d'eux, elle fît ce qu'elle
verrait faire à ses chefs.

La nuit venait : la petite fille et son
père assistèrent au dîner des évêques,
après quoi Germain les congédia en les
invitant à venir lui dire adieu le lendemain matin avant le départ. Le père
et la fille revinrent ensemble de très
bonne heure.

— Te souviens-tu de ce que nous
avons dit hier, demanda l'évêque à l'enfant ; est-ce que tu veux toujours te
consacrer au Seigneur?

— Je me souviens, Père saint. Je me
suis vouée au service de Dieu.

L'évêque avisa alors à ses pieds une
monnaie gallo-romaine, trouée et mar-

quée d'une croix, telle qu'en avaient
fait frapper Constantin, Valentinien, et
avant celui-ci quelques autres.

Peut-être pensa-t-il que la beauté serait un écueil pour la jeune fille ; peut-
être que, folle de parure, comme ses
ancêtres, elle ajouterait un danger à un
danger.

— Ne porte jamais d'autre bijou que
celui-là, dit-il.

Et tout l'avenir de l'enfant et toute
son âme aussi, tenait dans ce symbole :
une médaille gallo-romaine signée d'une
croix.

CHAPITRE II

I

Le père et la mère de Geneviève, Sévère et Gerontia, portaient des noms
gallo-romains de l'époque et qui ne
souffrent pas de difficulté ; par contre, on
a beaucoup discuté sur l'origine du nom
de Geneviève ; celtique pour les uns, et
signifiant poétiquement « bouche du
ciel », il serait pour les autres de racine
germanique ; d'autres enfin relèvent
l'analogie toute naturelle avec « Genne-
villers », si proche de Nanterre ; la par-
ticule « Gen » serait alors d'origine
franque... Que Sévère et Gerontia fussent

de condition libre, les menus détails de
la première vie de sainte Geneviève le
prouvent ; Geneviève ne dépend d'abord
que de ses parents ; nous la verrons dans
la suite surveiller ses moissons et com-
mander à ses moissonneurs, habiter à
Paris une demeure qui lui appartient
et qu'elle reçoit sans doute de sa riche
marraine. Que le ménage de Nanterre
fût de condition modeste, d'autres détails de la même source le prouvent
aussi ; les parents de Geneviève ne se
distinguent pas de la foule à l'arrivée
des évêques ; la fillette allait puiser l'eau
au puits sur l'ordre de sa mère, et comme
l'histoire ne l'écrit pas, mais comme la
tradition le dit, elle gardait son petit
troupeau sur les bords de la Seine. Res-
pectons toutes les traditions.

Nous connaissons mal les conditions de vie des petits propriétaires dont la classe à cette époque allait s'effaçant, indique Fustel de Coulanges ; nous connaissons encore moins les suites de la terrible et multiple invasion des Vandales, des Alains et des Suèves qui désola tout le pays en 406-411, et sa répercussion sur la fortune des parents de Geneviève. N'importe, nous avons en notre petite sainte une fleur du sol bien à nous, bien dans la lignée de nos lointains aïeux. Taine dit quelque part que pour bien comprendre un être il faut en étudier successivement les apports d'alluvion, mais d'abord, et à fond, le terrain primitif. Nous allons le faire succinctement sous la conduite des maîtres Fustel de Coulanges, Camille Jullian et

ici et là des Latins et des Grecs qui ont
parlé des nôtres. J'engage ceux qui sont
soucieux de nos origines à boire à ces
sources vives. Ils se sentiront ensuite
plus Français.

Libre et Gallo-Romaine, Geneviève le
fut dans ce voisinage de Paris où l'esprit celtique avait jeté de si profondes
racines que Paris s'était levé contre
César et son lieutenant Labienus, que
les « Nautes » parisiens dont nous par-
lions tout à l'heure, avaient sculpté sous
Tibère, sur l'autel qu'on peut voir au
musée de Cluny, le dieu gaulois, Ésus, et
des adorateurs en vêtements gaulois ;
que Martin de Tours au quatrième
siècle lutta toute sa vie contre les vieux
dieux et que, nous l'avons dit, au cinquième siècle où nous sommes, Germain

trouvait encore des arbres druidiques
pour y suspendre les têtes de ses sangliers. Des temples et des sources sacrées se découvraient encore à Nanterre
et aux alentours. La conquête romaine
n'avait pas aboli le vieux passé millé-
naire ; il s'ancrait, tenace, en cette terre
de marécages et d'immenses forêts où
l'on eût pu dire que d'un bout à l'autre,
du nord de la Gaule, comme du Rhin
au Danube, un écureuil aurait sauté de
branche en branche. Bien plus, non seulement Rome n'avait pas détruit le
passé, mais elle l'avait élagué, fortifié,
ordonné ; si bien que le temps le plus
heureux de la Gaule doit sans doute se
marquer sous les Antonins : je dis le
temps le plus d'accord avec les dons
et le génie de notre race. Car nous n'étu-

dions pas ici les institutions, mais l'âme
de notre Gaule telle qu'elle se manifeste
à travers le choc des événements. Dans
ces lointains aïeux, dans les Celtes qui
nous vinrent du pays des brumes, Frise
ou Jutland, vers le septième siècle avant
Jésus-Christ, en inondation de deux à
trois cent mille hommes, pour conquérir
notre terre sur les Ligures des cavernes,
nous suivons avec attention les premières lueurs révélatrices. Elles sont
d'abord fugitives. La date précise et le
mode de leur arrivée restent dans la
nuit. Plus tard, les Ibères au midi (500),
les Belges au nord (*id.*), se battirent
contre eux, et finirent par fusionner avec
eux. Et ce pays de pâturages et de forêts,
de richesses naturelles immenses, ce
pays dont Strabon dira « qu'il était

aimé des dieux et disposé par une Providence tutélaire » eut un peuple d'agriculteurs, de chasseurs, d'artisans et d'éternels guerriers. Nous nous reconnaissons nous-mêmes dès les premiers mots qu'on nous dit d'eux. Nous entendons avec joie que, dans ces tribus turbulentes et toujours aux prises, la bravoure était proverbiale ; nous regardons avec une fierté secrète ces aïeux lançant des javelots aux étoiles, ou courant le glaive en main contre l'océan déchaîné. Nous ne détestons pas ces combats où, couverts d'armes fantastiques, ils se jetaient en avant d'une telle fougue et avec de telles clameurs « que la terre elle-même semblait crier » ; nous aimons Strabon qui nous les montre fidèles jusqu'à la mort à leurs amis et à leurs chefs, et déshonorés — retenons ce beau mot d'honneur qui se trouve mêlé aux premiers gestes de nos pères — s'ils les abandonnent dans le danger. On les admire prêts à défendre les faibles, à s'offrir au glaive ou au bûcher en victimes volontaires. Nous saluons, avec Plutarque, ces belles et chastes Gauloises se jetant entre les armées pour séparer les combattants... et les mariages chastes, et l'amour des enfants, et les belles prêtresses prophétisant, et les chants des Bardes dans les festins ouverts à tous.

Arrêtons ce tableau d'idylle : ou mêlons-y les ombres. Il y en a. Ce peuple « rêvant d'union sur un sol qui créait l'unité » était incapable de faire enfin cette unité et restait en lutte perpé-

tuelle, de tribu à tribu, par son individualisme à outrance. Il y faudra la
forte main de Rome. Mobiles, chan-
geants, excitables, découragés par le
moindre revers, amoureux des révolu-
tions, nos pères n'ont pas reçu de Clovis
le don d'adorer et de brûler : ce don était
dans leur sang, avec l'amour de la beauté,
de l'éclat des richesses et des parures et
cet aspect séduisant que chantera Virgile :

« Celte à la chevelure dorée, vêtu
d'une tunique d'or, revêtu d'un manteau aux mille couleurs, un collier d'or
entoure son cou d'une blancheur de
neige. » (*Enéide*, liv. VIII.)

Ils paraient ainsi leur vie et leur mort,
leurs combats et leurs fêtes et leur hos-
pitalité proverbiale. Le Gaulois recevait

l'étranger au seuil de sa maison de bois,
légère et instable comme lui-même ; seuls
les morts avaient des demeures de pierre,
comme pour mieux distinguer le tran-
sitoire de l'Éternel. Il le pressait d'entrer dans une salle ornée de coussins,
de tapis, de peaux de bêtes et le faisait
asseoir, avec un empressement joyeux,
autour des tables basses, curieux de
belles histoires, écoutant, interrogeant
son hôte, indiscret, bavard, fanfaron,
mangeant grossièrement, malpropre-
ment, et buvant, buvant... O Virgile !

II

Mais ce peuple léger et mobile devenait grave en ce qui touchait ses dieux.
Nous pourrions dire « Dieu ». Il a cet
honneur d'avoir pressenti un Dieu
unique ; il a cet honneur encore de représenter au milieu des autres peuples
une foi plus réfléchie et plus assurée à
l'immortalité de l'âme. Volontiers on se
donnait alors chez eux rendez-vous dans
cette autre vie ardente et joyeuse à
laquelle, si simplement, on accédait par
une mort volontaire. Souvent on ajour-
nait jusque-là le payement des dettes,
dettes du sang, ou dettes de l'or, car

nos pères furent de bonne heure de grands monnayeurs. De longues années de méditations solitaires formaient la caste de leurs prêtres. Cette caste toute-puissante semblait redoutable même au monde latin :

« O druides, vous qui habitez seuls des retraites sacrées dans les profondeurs des bois,

« Vous seuls savez ce que sont les dieux... ou vous seuls l'ignorez. » (Lucain.)

Ils formaient la fleur de la jeunesse gauloise par un enseignement oral dont rien n'est venu jusqu'à nous. Dans ce culte dont tout le monde sait le côté poétique et mystérieux, la cueillette du gui au soleil levant d'un jour unique dans l'année, les prêtresses vierges de l'île de Sein, les migrations des âmes dans la plainte éternelle de l'océan par les nuits de Novembre, on voile trop volontiers le côté féroce : les sacrifices humains, les jardins de supplices par lesquels on accédait à ces divinités sanguinaires, chaque Dieu ayant son genre de mort préféré ; ces colosses d'osier pleins de victimes humaines et souvent de victimes s'offrant de plein gré à cette mort horrible par le feu... que sais-je? Mais lorsque à ces divinités infernales succèdera le culte du Dieu en Esprit et en Vérité nous retrouverons les traits rudimentaires de ce peuple toujours grand par ses forces spirituelles. Conduit d'abord par ses druides, il le fut ensuite par ses évêques ; ceux-ci, à ce cinquième siècle qui nous occupe, firent la France, de l'aveu même des ennemis de toute foi et présidèrent à ses destinées, mettant la lumière et l'ordre dans les ténèbres et le chaos. Et ainsi par ce culte désintéressé de la pensée, par son apostolat ardent pour la pensée, à travers les siècles, la France est restée la France.

Mais en dehors de ces richesses spirituelles, nos pères connaissaient et exploitaient bien leurs sources naturelles de fortune. Diodore, Strabon, Pline, parlent de leur or, de leurs lainages, de leurs teintures, des bijoux incrustés dans leurs armes et jusque sur leurs chars, de leurs verriers, de la multitude de leurs travailleurs au creuset, bien avant Rome, Rome qui, dans leur vie comme sur leur sol, trouvait les chemins déjà tracés et les rendait solides et durables.

Au début, l'amour du changement, l'ivresse de la vie, entraînaient nos Gaulois bien en dehors de ces routes pacifiques. Et en attendant que Rome les consolidât, en les conquérant, l'Italie fit une connaissance rapide avec nos aïeux dans deux de leurs migrations lointaines. Ils emportaient tout dans leurs chariots pour ces migrations sans espoir de retour, femmes, enfants, richesses. Ainsi, vers l'an 600, ils descendirent jusqu'à Milan d'une part, jusqu'en Macédoine de l'autre. Ainsi, après l'Allia, au sac de Rome où l'épée du Gaulois tomba lourdement, brutalement dans la balance où se pesait la rançon (390) ; et l'on se demande quelle étrange figure de vainqueurs barbares ils faisaient. Et pourtant dans cette Rome déjà superbe, et par les historiens de Rome, jamais ils ne furent appelés « les Barbares » ni confondus avec ceux-ci. Ailleurs, un siècle après (280), Delphes les avait vus, aussi, en une autre conquête et un autre pillage ; puis le nord de l'Espagne. Et toujours, c'étaient les Gaulois : ce n'étaient pas les Barbares.

Qu'il est difficile de résumer et d'aller vite quaud on touche à ses propres origines ! Nous gardons le principal défaut de nos pères, si orgueilleux d'eux-mêmes... Il faut aller pourtant et tâcher de synthétiser le caractère gaulois dans l'idéal que fixe C. Jullian, celui de nos historiens qui, peut-être, les a le mieux connus :

« Bien parler. Bien combattre. Bien mourir. »

Nous retrouverons ces traits, mêlés à une humilité qui les ignore, dans la vie de notre sainte. Il faut aussi voir dans la Gaule, suivant le même maître, « un croquis plus qu'à demi terminé de ce que sera la France, » et avant de prendre congé d'elle la fixer sous nos yeux en deux visions brèves.

L'une, c'est le grand roi Luern, dans son royaume d'Auvergne. Strabon nous le montre, entouré des deux cent mille soldats qui le suivaient avec passion, monté sur un char d'argent d'où il dominait toute sa suite, dans l'or et la pourpre. Et ses fêtes ! Il y invitait tout son peuple ; elles présagent les fêtes du Languedoc avant la conquête de Simon de Montfort. Le roi Luern faisait enclore cinq cents hectares de terrain, les remplissait de bétail, de barriques de bière, de victuailles de toutes sortes; on ouvrait à tout venant, et dans les festins qui se prolongeaient pendant des jours et des nuits, des Bardes chantaient, inlassables, la gloire du roi...

Est-ce que l'on n'a pas ainsi devant les yeux le fonds de prodigalité et de folle orgie que « l'humeur gauloise » personnifie, et ne sent-on pas ici un relent, et comme une sorte de Rabelais avant la lettre?

L'autre! Ah! l'autre! Tout le monde l'a nommé avant que je le nomme.

Pour une fois, la Gaule s'était unie en un faisceau magnifique contre le César que, imprudemment, il y a quel-

ques années, elle appelait à son aide. On
sait avec quel art consommé fut orga
nisée la défense, et César nous parle lui
même de son mouvement de désespoir
devant Gergovie. Mais la division se mit
comme toujours dans nos rangs ; et Vercingétorix qui avait rêvé et aimé et fait
en ses mains, de cinquante peuples,
une patrie unique, trahi par les Germains, s'enferma dans Alésia. Il y tint
tant qu'il put tenir, « éclatant », « résolu », « frappant les ennemis de terreur », personnifiant l'idéal de la race :
brave, éloquent, généreux...

On sait tout cela. Lorsqu'un plus long
effort fut impossible, Plutarque nous
raconte la scène que l'on ne se lasse pas
de relire. Vercingétorix offrit sur son
propre sol le sacrifice symbolique, et

dans ses armes et ses vêtements splendides monté sur son cheval de guerre, il
se donna au vainqueur pour payer pour
tous. Les deux chefs et les deux âmes
s'affrontèrent ; « l'âme médiocre de César », dira Plutarque ; et l'âme lumineuse
qui portait dans son holocauste tout le
génie de notre race. Il n'avait fallu qu'un
an pour organiser la défense, perdre la
partie et s'offrir : quelques mois encore
pour orner le triomphe du vainqueur
et mourir égorgé tandis que César montait au Capitole.

Caton d'Utique, seul, dit-on, pro-
testa (52).

Mais César, dans ses *Commentaires*
en décrivant sa guerre des Gaules, ne
prononça jamais le nom de Barbares...

III

« Je donne ma personne, ma ville,
ma terre, l'eau qui y coule, mes dieux
thermes, mes temples, mes richesses,
toutes les choses qui appartiennent aux
dieux, je les donne au peuple romain. »
(Tite-Live.)

Telle fut la conclusion normale de la
conquête. Fustel de Coulanges ajoute « la
conclusion heureuse »... Jamais cam-
pagne ne finit plus promptement : « en
dix ans, tout était terminé. César y prit
800 forteresses, soumit 300 tribus, fit
un million de morts et un million de
prisonniers. » (Plutarque.) Le plus

meurtrier des conquérants de Rome, en grand chef qu'il était, offrit aux vaincus des conditions acceptables. Rome n'inquiéta les Gaulois après la conquête, ni dans leurs intérêts, ni dans leurs habitudes, ni dans leurs affections. (Lavisse.) Elle les délivra de leurs deux grands périls, les invasions et l'anarchie ; la conquête assura leur unité, leur stabilité politique ; elle ne fut pas une servitude. Quelques traits brefs de Fustel de Coulanges résument la question :

« Les Gaulois eurent assez d'intelligence pour comprendre que la civilisation valait mieux que la barbarie.

« Être Romain c'était partager les plaisirs, les mœurs, les études de ce que l'on connaissait de plus cultivé et de plus noble dans l'humanité. »

L'indépendance avait été la guerre
perpétuelle dans les Gaules. L'empire
romain fut la paix, non pas l'asservissement, et l'on sait la belle image de Plutarque :

« Rome, l'ancre immobile qui fixe les
choses humaines longuement battues
par la tempête. »

Elle n'exigeait pour cela que deux
choses : l'impôt et le service militaire.
A ce prix, Rome dira aux Gaulois, moins
d'un siècle après :

« Vous partagez l'empire avec nous.
C'est vous souvent qui commandez nos
légions, qui administrez nos provinces.
Il n'y a nulle distance entre vous et
nous. »

Tacite pouvait écrire ces mots un
siècle après la conquête ; à sa façon brève

et forte il résume ce qui est. Si les Gaulois étaient d'une intelligence et d'une
souplesse rares, il faut reconnaître que
Rome fut, envers eux, d'une habileté
étonnante. Au point de vue politique,
ils continuèrent à se régir eux-mêmes ;
les cités gardèrent leurs coutumes. Bien
plus, on les groupa en une organisa-
tion large et forte, inconnue jusque-là.
Lyon devint leur métropole. Chaque
année, les députés de chaque cité s'y
réunissaient sous la présidence de l'empereur ou de son délégué ; et la ville
fondée en 42 avant Jésus-Christ, em-
bellie, ornée, placée au point de jonction
des quatre voies romaines menant au
Rhin, à la Manche, aux Pyrénées, à
l'Océan, devenait le centre de fêtes
splendides, de sacrifices à Rome et à

l'Auguste. Ainsi, après notre Vercingétorix qui, lui, un an durant, organisa
l'unité de la résistance, la Gaule ne se
trouva définitivement une qu'en se pro-
clamant romaine.

Il y eut bien de rares révoltes : Civilis
et Sabinus sous Vespasien (69).

Le pays ne s'en émut pas dans l'ensemble. En cinq siècles d'une administration qui fut la nôtre, et nous coula
pour jamais dans le moule latin, tous
les écrivains s'accordent à reconnaître le
loyalisme, bien plus, l'attachement de
nos pères à la Rome immortelle. « Ils
aimaient Rome comme s'ils fussent nés
Romains, » dira Tacite. Et Tacite, encore,
raconte l'histoire de ces Gaulois qui, vi-
sitant Rome et voyant au théâtre des
étrangers mieux placés qu'eux-mêmes,

demandèrent qui ils étaient? « Ce sont, leur répondit-on, des amis de Rome. » Et les Gaulois, d'un mouvement plein de grâce, allèrent se mettre au milieu d'eux.

Leur grande ambition fut de devenir citoyens romains. Le droit de cité leur semblait une naissance nouvelle; ils changeaient alors de nom. Sous Caracalla, ce droit fut concédé à tous les hommes libres. Claude leur ouvrit l'accession au Sénat. Une noblesse se forma par les charges de la cité, et par la richesse; au-dessous une classe de petits propriétaires, ou de citadins, mais le moindre des terriens fut toujours plus considéré que le marchand ou le commerçant. Notre Geneviève fut de cette classe des terriens, petite, pauvre, mais indépendante et honorée ; à l'heure où nous sommes, cette classe moyenne disparaissait de plus en plus, devant les invasions qui forçaient à se chercher des patrons et un refuge. Enfin il y avait aussi les corporations d'artisans et les esclaves. « Les populations de la Gaule jouirent sous ce régime d'autant de liberté et d'équité que le permettaient les sociétés anciennes ; » et il faut, je crois, suivre encore Fustel de Coulanges en ajoutant que « Rome apporta l'ordre, la passion du travail, l'opulence : routes, cirques, temples, thermes, théâtres, remplacèrent les pistes anciennes, les chênes des druides et les maisons de bois ».

Regardons nos Gaulois. Ils rasent leur blonde chevelure, portent la toge, parlent latin. Le Celte bientôt n'est plus qu'un souvenir. Ils sont citoyens romains, sénateurs, consuls, empereurs même durant seize ans (256-273). Mais sans aucun effort pour se substituer définitivement à l'empire ou se distinguer de lui. Ils furent au contraire les soutiens de Rome et luttèrent vaillamment contre les Germains... Ils ont pris le goût de l'éloquence et des lettres ; ils ont le culte de l'Auguste : mais c'est Rome même et sa fortune qu'ils adorent dans l'empereur.

Les invasions vinrent et accumulèrent les ruines. Ils ne pactisèrent avec aucun des survenants. Ce sont les ennemis communs. Nous n'avons plus devant nous des Gaulois, mais des Gallo-Romains. Nous avons notre race fortifiée, complétée, guidée par le fort génie latin.

Ils en ont tout pris. Ils ont tout donné.

Je me trompe. Comme auprès des lourdes légions de **César** marchait le corps des auxiliaires gaulois baptisé, d'un mot heureux, « l'alouette », du même pas que les légions, citoyens romains eux aussi, et pourtant des Celtes toujours, nos ancêtres marchaient à la suite de leurs vainqueurs, et leur avaient tout abandonné, tout — sauf la chose unique, ailée, chantante — leur âme.

CHAPITRE III

Cette âme le christianisme la prit, et elle se donna avec le même élan que notre petite Geneviève à l'évêque Germain. Mieux encore qu'avec la Rome des Césars elle devait trouver là son élément constitutif de durée et de force.

Imbart de la Tour a là-dessus une page excellente :

« Cette âme de la Gaule, ni exclusivement celte, ni exclusivement latine, l'une et l'autre à la fois, mystique et raisonneuse, éprise de liberté et d'autorité, de changement et d'ordre, d'individualisme et d'universalité, fut un com-

posé de deux races et de deux génies.
A ce dualisme de sa nature le Christianisme ne changea rien, il n'en fut au contraire que l'épanouissement, l'expression la plus haute et pour ainsi dire
totale. La Gaule s'était reconnue dans
la doctrine nouvelle. Et si, après l'avoir
reçue, elle s'y attacha si passionnément,
c'est qu'elle y trouva comme le miroir
divin et éternel où se reflétait son idéale
image. »

En effet, à ces grands amoureux de
choses éternelles, le christianisme appre-
nait que la vie n'avait de sens qu'en se
rattachant à l'éternité ; à ceux qui
avaient compris l'holocauste d'eux-
mêmes, à leurs dieux ou à leur patrie,
il révélait le Dieu qui s'est offert en rançon pour l'humanité ; à ces âmes avides

d'infini, le Dieu proche et présent, le Dieu sensible au cœur ; à ces passionnés, de belles paroles, au lieu de l'enseignement énigmatique ou de la pauvreté des fables païennes, les Livres Saints, dont la beauté n'a pas été dépassée, Évangiles, Épîtres, Prophètes et Psaumes. Le christianisme enfin leur proposait, en face du Dieu très saint, un programme de vie où tout ce qui est bon et beau, aimable et pur, comme parle l'Apôtre, devait les mener à la sainteté. Ces règles précises s'écartaient d'une philosophie impuissante en deux points : elles s'adressaient à tous ; et la grâce divine, que la prière de chacun implorait, donnait à tous la force de les suivre. L'exemple de Jésus-Christ, l'exemple de cette merveilleuse chose que le monde

antique ignorait, « un saint », aidait
et attirait tout ensemble. Nos pères
voyaient vivre leurs évêques, leurs
moines, leurs vierges. Geneviève lisait
avec les autres les Actes des Martyrs,
en particulier la lettre où les frères de
Lyon racontent le martyre inouï de la
petite esclave Blandine ; presque à la
naissance de notre sainte dans la terrible
invasion de 406, l'évêque saint Nicaise,
à Reims, venait de donner sa vie pour
son troupeau, tandis que saint Exupère
à Toulouse vendait les vases sacrés pour
nourrir les affamés ; un grand nombre
de ces évêques étaient inscrits aux dip-
tyques ; on se racontait leurs miracles,
de bouche en bouche ; on lisait leurs ins-
tructions. Ces petites gens, si proches des
ravages des barbares et du plus dur ser-

vage, écoutaient entre vingt autres, avec ravissement, Lactance de Trèves (306-313), — comme les esclaves de Rome avaient entendu les Apôtres — proclamer la fraternité humaine et l'égalité de tous devant Dieu :

« Nous sommes tous frères. Dieu a créé l'homme social. Personne n'est pour nous un esclave, nous tenons nos esclaves comme nos frères spirituels, et compagnons de service en religion. Il n'y a point aux yeux de Dieu d'esclaves et de maîtres ; nous avons tous un droit égal à la liberté (1). »

Le cœur de la Gaule était conquis avec son libre génie.

(1) LACTANCE, *Instit. divines*, dédié à Constantin.

II

A quel moment les Gallo-Romains devinrent-ils chrétiens?

Dès le début sans doute si l'on songe aux légions qui séjournaient en Gaule, et qui comptèrent de très bonne heure des convertis dans leurs rangs, ou aux marchands qui apportaient sur les marchés, Lyon et Marseille, Trèves, Paris ou Narbonne, tous les bruits du vaste monde. Mais, soldats ou marchands ne sont en général que d'assez pauvres missionnaires. Il nous faut regarder à d'autres sources. Entre toutes les églises qui prétendent à l'honneur de remonter aux Apôtres, Marseille possède une inscription, transportée de la crypte Saint-Victor au musée de la ville, et qui semble marquer le passage de saint Paul à Marseille, quand il se rendait en Espagne. Je ne donne que sous réserve, et à l'ombre d'un grand savant, ce renseignement sur une inscription que je ne connais pas. Pour Lyon, la lettre célèbre de saint Irénée, ayant vu tout enfant ceux qui étaient les familiers de Jean et des disciples du Seigneur, ne laisse place à aucun doute. Le même Irénée parle de l'Église comme répandue par toute la terre, en Gaule, en Espagne, et jusqu'aux extrémités du monde. Un instinct obscur et des traditions locales sur lesquelles notre Geneviève nous aurait renseignés bien mieux que nos érudits poussaient un grand nombre d'évêchés à se réclamer aussi de la tradition apostolique. Mgr Duchesne objecte que les plus anciennes listes d'évêques ne remontent pas au delà de l'an 250. La note juste semble être donnée par la lettre de sept évêques des Gaules à sainte Radegonde :

« *Quoique dès la naissance du christianisme la prédication de notre sainte foi ait commencé dans les Gaules,* ce ne fut que le petit nombre qui embrassa ces mystères ineffables. Dieu alors suscita Martin, « l'apôtre des Gaules... »

Celui-ci, en effet, en se consacrant à l'évangélisation des campagnes, porta le coup de grâce au paganisme, aux vieux dieux gaulois, affublés de noms romains. C'est contre eux que Martin engagea

une lutte corps à corps ; et bien que le
christianisme fût alors religion d'empire,
ce n'est pas avec des décrets et des lois
que Martin alla vers le peuple, mais
avec la foi, l'éloquence et l'arme irrésistible des saints : le miracle. Doux
aux petits, redoutable aux grands, méprisant le danger, d'une bonne humeur,
qui s'échappait en saillies : « Votre Jupiter
n'est qu'une franche bête », l'évêque
aidé de ses moines abattait les arbres
sacrés, renversait les idoles, chassait les
dieux, les démons, qui confessaient leur
défaite. Martin évangélisa ainsi la Tou-
raine, Chartres, Autun, bien d'autres
encore : et ce qui nous touche de plus
près à cause de notre Geneviève, il con-
vertit vraisemblablement le Mont Valé-
rien, le mont très saint du paganisme,

en un centre chrétien non moins fervent, aux environs de 380.

Nos pères ne se montrèrent point ingrats. Jamais saint ne fut plus populaire et plus révéré. « Qu'on nous parle gaulois ou latin, mais qu'on nous parle de Martin, » chantait Sulpice-Sévère. « O Gaule ! c'est à cause de Martin que tu es connue dans le monde entier, » dira Fortunat et nous verrons Geneviève, à laquelle aucun sentiment du temps n'est étranger, en pèlerinage au tombeau du saint.

Grâce à l'apostolat de saint Martin et aux apostolats antérieurs, grâce au centre de vie qu'étaient les monastères, Ligugé, Marmoutier et Lérins, Saint-Victor, Arles, la Gaule en ce cinquième siècle où nous sommes était toute chrétienne. Elle l'était, avec ce caractère qui ne se démentira pas au cours de son histoire, le sens de l'autorité, l'amour de Rome, l'opposition instinctive à l'hérésie. Son clair génie répugne aux subtilités et aux arguties. Goyau, dont il faut lire en entier la belle histoire religieuse de la France, remarque que la plus ancienne décrétale est adressée aux Églises des Gaules ; le concile de Paris (360) avait flétri l'arianisme, que les grands évêques Hilaire et Athanase combattirent ; dans la même ligue nous voyons saint Germain et saint Loup, les amis de notre Geneviève, allant en Grande-Bretagne pour y confondre Pélage et ses erreurs sur la grâce ; la fête de la chaire de saint Pierre à Rome est célébrée chez nous dès 450 : ce loyalisme et cette rectitude dans la foi sont des traits de la première heure. Notre Église nationale leur doit sa force. Ajoutons que bien des grands noms l'illustraient déjà. Dans les écoles florissantes des Gaules, aucun des rhéteurs vides et pompeux n'arrêta le mouvement de la décadence latine : mais, au point où nous sommes, combien d'évêques et de docteurs ont écrit des pages immortelles? Les noms se pressent ici sans ordre : Ambroise, Hilaire, Athanase, Paulin de Nole et Sulpice-Sévère, Salvien, Lactance, Ausone, notre Sidoine Apollinaire que nous retrouverons et consulterons à chaque page dans le cinquième siècle, dont il est dans ses lettres le meilleur témoin, un témoin très charmant quand il consent à être simple. Puis

Prosper, Constantins, Avitus de Vienne,
Remi de Reims, Césaire d'Arles, toute
la pléiade des grands évêques et des
grands hommes, les hommes sur lesquels notre édifice national appuie ses
fortes assises.

III

En suivant attentivement Geneviève,
nous aurons une idée juste des manifes-
tations de la piété chrétienne à son
époque. De belles basiliques abritaient
déjà le culte chrétien ; selon un mot
heureux de Goyau, devant les autres
cultes « l'Église y mettait en pratique
ses méthodes de contact avec la puissance de l'au-delà ». Et le peuple devait
y trouver un bien grand charme, puisque
de simples messes au temps de saint
Hilaire duraient deux heures et demie.
Saint Césaire renchérit encore : avec
lui, elles duraient quatre heures. Très

intelligente des engagements qu'elle
avait pris, très désireuse de les tenir,
notre petite Geneviève participait de
son mieux à cette prière de l'Église, la
prière sociale. Ce fut même l'occasion
de son premier miracle. Elle avait compris dans ses conversations avec l'évêque
que son biographe note, heureusement
cette fois sans faire parler l'enfant à sa
mode, que le service du Seigneur devait
passer avant tout le reste dans son
humble vie. Un jour donc, à l'heure de
l'office, elle s'apprêtait à sortir pour se
rendre à l'église. Sa mère lui intima
l'ordre de rester. Nous ignorons tout de
cette mère : peut-être à la réflexion, les
paroles de Germain, loin de la trans-
porter d'aise, avaient-elles heurté en
elle des projets plus humains ; peut-être,

simplement, se trouvait-il quelque travail pressé à la maison ; ou encore, ce qui est très fréquent, par l'instinct misérable de rabaisser ce qui est plus haut que soi, voulait-elle éloigner l'enfant des sources spirituelles où elle-même ne puisait pas une semblable vie ; toujours est-il qu'aux douces explications de Geneviève, « Genovefa Benignissima », répète le clerc, Gerontia irritée répondit par un soufflet.

« Toi, Christ, sois son défenseur », prie l'Église à la consécration des vierges. Il est bien probable que Geneviève n'implora pas la vengeance céleste contre sa mère ; mais les forces invisibles veillaient. Gerontia devint subitement aveugle et le demeura de longs mois ; devenir aveugle dans ces circonstances,

et sentir chaque jour, dans son infir-
mité, les soins, la tendresse, la sollici-
tude de l'enfant que jusque-là, peut-
être, on méconnaissait, devait ouvrir la
porte au repentir et à une sorte d'effroi.
Un jour où la bonté de l'enfant l'avait
attendrie plus que de coutume, Gerontia demanda à sa fille d'aller puiser de
l'eau, et de la lui porter après y avoir
fait le signe de la croix, pour qu'elle
lavât ses yeux d'aveugle.

Geneviève obéit avec empressement ;
mais devant cette marque de confiance,
sa douleur filiale augmenta. Et lorsqu'elle eut remonté le seau, elle s'assit
sur la margelle du puits, et les larmes
qu'elle ne pouvait plus retenir se mê-
lèrent à l'eau qu'elle venait de puiser.
Le puits existe encore à Nanterre. Re-

gardons pleurer la petite sainte. Elle sera ainsi toute sa vie, si bonne, si naturelle, si simple... Les larmes avaient fait de l'eau de source une eau miraculeuse. Gerontia se lava, et elle vit. Geneviève désormais put aller librement aux offices.

La vie de la mère et de la fille dut être douce après cet incident. Elle ne se distinguait pas au dehors de la vie des autres ; une période de calme avait succédé aux horribles invasions de 406. Avec cette rapidité qui caractérise chez nous le relèvement des classes moyennes, comme le remarque un autre de nos maîtres, Jacques Bainville, la vie des champs avait repris. Geneviève aidait ses parents ; la tradition montre les champs où elle gardait leur petit troupeau. La solitude et le silence creusaient l'âme de l'enfant et la fortifiaient. Comme notre Jeanne d'Arc, nous pouvons la découvrir souvent à genoux et en prière, en contact étroit avec ce Christ à qui elle s'était vouée. Mais cet humble début de vie pastorale fut bien court. A quinze ans, Geneviève perdit son père et sa mère. Elle abandonna son troupeau, ses occupations rustiques, la plaine paisible ; elle vint se mettre en sûreté à Paris, auprès de sa marraine, avec ce sens net et juste qui dirigera toutes ses démarches. Nous voudrions savoir l'heure où l'humble fille franchit le pont de bois qui reliait Paris, tout resserré dans son île, au reste du monde. Paris ignora comme nous l'heure qui lui portait la sécurité et la paix.

Personne ne se détourna, à l'arrivée

de la jeune fille ; personne surtout ne pensa qu'elle vaudrait plus, elle, la petite paysanne, pour la protection de Lutèce qu'Aétius, qu'Œgidius, ou que ces lointains Empereurs qui portaient encore le nom prestigieux de Rome.

CHAPITRE IV

I

Au seuil de la vie nouvelle que Geneviève allait mener à Paris, il faut placer probablement sa consécration définitive au Seigneur. Je dis probablement : les Bollandistes ne fixent pas la date, et l'âge ordinaire était vingt-cinq ans. Mais saint Ambroise recommande qu'on ait égard bien plus à la vertu des jeunes filles et aux garanties qu'elles offrent qu'au nombre de leurs années. Et la sagesse et la précision que nous remarquerons dans toutes les démarches de Geneviève nous portent à penser que,

à la mort de ses parents, se sentant libre
et seule, résolue à vivre en ce Paris qui
offrait bien d'autres écueils que le paisible Nanterre, Geneviève voulut se for-
tifier, à l'aube de cette existence nouvelle, par un engagement définitif. Son
historien (une fois pour toutes nous indi-
quons ainsi le clerc des Bollandistes qui
écrivit dix-huit ans après la mort de la
sainte et nous le suivons pas à pas),
son historien donc, indique que l'évêque
qui la consacra se nommait « Vilicus ».
On ne trouve point de Vilicus dans la
liste des évêques de Paris à cette époque ;
et quelques-uns ont transformé « Vilicus » en un « Félix » qui, en effet, y sié-
geait à cette date. Une remarque sa-
vante de Mgr Duchesne fixe les hésita-
tions. Il y eut en ce temps, un Vilicus

évêque de Bourges ; si nous rapprochons
ce fait de la visite qu'une vierge de
Bourges fit à Geneviève à Paris, nous
pouvons penser que Vilicus avait con-
sacré notre sainte, et que des relations
s'établirent tout naturellement entre
elle et ses compagnes de Bourges. Elles
étaient trois, le jour de la consécration
de Geneviève : celle-ci, plus jeune, d'une
condition plus modeste et dans tous les
cas plus pénétrée de l'esprit de Dieu,
se tenait humblement à la suite de ses
compagnes. Vilicus, qui connaissait son
histoire ou que la lumière d'En-Haut
éclairait, l'appela au premier rang
comme la plus digne, « elle, déjà consacrée au Seigneur ». Il y avait deux de-
grés à cette consécration virginale, un
premier engagement qui représentait

une sorte de noviciat parfois très long,
l'engagement à six ans de notre sainte
au clair visage, entre les mains bénis-
santes de Germain, puis un don définitif,
public, en général au jour des grandes
fêtes. Il se marquait à tous les yeux par
l'imposition du voile. Nous allons étudier succinctement ce qu'était cette consécration que le sacramentaire Léonien
au sixième siècle nous a conservée
presque en entier. Une admirable page
du cardinal de Cabrières nous aidera à
en préciser le sens :

« Il est probable, écrivait-il, que, au
jour de l'Ascension, tandis que les
apôtres et les croyants s'en retournaient
vers Jérusalem et le Cénacle, il y en eut
plusieurs, hommes ou femmes, parmi les
disciples, qui, se rappelant les enseigne-

ments du Maître sur le mariage, le divorce et la virginité volontaire, s'engagèrent vis-à-vis d'eux-mêmes, à la sainte pratique du célibat. Ce jour-là, la vie religieuse dans son essence commença. La consécration des vierges est manifestement l'écho séculaire de toutes les prières par lesquelles, à travers les âges en commençant par les plus reculés, les vierges et les veuves ont été vouées au Christ et lui ont été dédiées : *Deo Dicatæ*. Elles étaient alors vraiment, et par excellence, « les disciples du Sei« gneur », celles qui représentèrent, dès les temps les plus lointains, le don de la vie et du cœur au Maître Invisible qui nous a aimés le premier jusqu'à la mort, et jusqu'à la mort de la croix. »

Tous les Pères, suivant leur caractère

et suivant leur génie, ont multiplié les conseils, les encouragements, les éloges aux vierges et aux veuves. Nous devons aux Bénédictiens du Mont-Vierge les références que je donne en note pour celles qui voudraient étudier plus à fond ces documents uniques. Il faut hélas nous hâter et nous borner à quelques mots sur les plus importants, de façon cependant à bien éclairer notre sujet (1).

(1) Saint CLÉMENT, Romain, *Epitre aux Vierges*, *II* (70) ; TERTULLIEN (160-245), *le Voile des Vierges;* Saint CYPRIEN (200-258), *Imposition du voile;* Saint GRÉGOIRE DE NAZIANZE (328-389), *Chants;* Saint JÉROME (331-420), *Lettres et traités;* Saint AMBROISE (340-397), *Des Vierges* (377) ; *De la virginité* (378), *De l'institution des Vierges* (392), *Exhortation aux Vierges* (393) ; Saint JEAN CHRYSOSTOME (344-407), *Traité de la virginité, Sermons;* Saint AUGUSTIN (354-430), *La sainte virginité.*

II

Dès l'origine, les textes les plus formels nous renseignent sur l'ampleur du
mouvement.

« Parmi nous, écrit saint Justin dans
son apologie, des hommes et des femmes
en nombre considérable ont atteint
soixante et soixante-dix ans, élevés dès
leur enfance dans la loi du Christ. Ils
ont persévéré jusqu'à cette heure dans
l'état de virginité. »

Athénagore de son côté, au deuxième
siècle, écrira d'Alexandrie à Marc-Aurèle : « Une multitude d'entre nous
passe sa vie en cet état n'ayant d'autre

but que de s'unir à Dieu plus intimement. »

Le texte le plus ancien sur le sujet, les deux lettres de saint Clément Romain aux vierges, discutées puis acceptées, à la suite de saint Jérôme et placées vers l'an 70, ont gardé le ton et la forme même des épîtres de saint Pierre dont saint Clément était le disciple. Saint Clément pose, en multipliant les conseils de prudence, les deux grandes lignes sur lesquelles reviendront toute la suite des Pères :

« S'affranchir du monde et de tout ce qui est dans le monde ;

« S'attacher, pour le royaume des cieux, à servir par Jésus-Christ le Dieu Tout-Puissant avec une conscience pure, aidée de la force de l'Esprit Saint. »

Tandis que Tertullien prêchera la force, saint Cyprien édictera une série de prescriptions sévères : fuir le luxe, les vêtements somptueux, les repas de noces, les festins, les jeux, les thermes ; « opulentes, elles doivent nourrir le Christ et ne se réserver que le nécessaire. »

Saint Grégoire de Nazianze exalte les vierges dans ses chants. « Perles, étoiles, lis », parure et splendide lumière de son troupeau, il nous les montre, innombrables, assistant des parents infirmes, ou vivant solitaires dans les jeûnes et le chant des psaumes.

En dehors de ses grands traités, une page curieuse de saint Jean Chrysostome, en son commentaire de l'épître aux Éphésiens, nous décrit le spectacle ravissant des patriciennes qu'il a sous les yeux, si mortifiées, si charitables, si ferventes ; « elles,... accoutumées dès leur enfance aux vêtements moelleux, aux parfums exquis, servies par des nuées de suivantes, les voilà embrasées de l'amour du Christ, se dépouillant de tout, marchant nu-pieds, passant leurs nuits en saintes veilles, filant pour les misérables... Pourquoi ces femmes n'enseignent-elles pas? »

Mais saint Augustin les rappelle à une sage humilité. On connaît sa parole célèbre : « Mieux vaut une épouse humble qu'une vierge orgueilleuse. » Et encore : « Avant de suivre l'Agneau partout où Il ira, allez à Lui pour apprendre la douceur et l'humilité. »

Nous arrivons aux temps tout proches

de notre Geneviève et aux Docteurs qui
ont écrit les traités les plus complets de
la virginité, saint Ambroise et saint
Jérôme. On les lisait sûrement en Gaule
où saint Jérôme avait des correspon-
dantes qui l'interrogeaient sur le sens
des Écritures. Sans doute notre Geneviève les a eus entre les mains, et toute
sa conduite s'en est inspirée : conseils
donnés par saint Ambroise à sa sœur
Marcelline, voilée par le pape Libère,
éloge délicieux de sainte Agnès ; commentaire suave du cantique des cantiques : « *Porta clausa* », « *Hortus conclu-
sus,* » « *Fons signatus* ». « Ferme ta porte,
ouvre ton âme ; ouvre tes mains pour
que le pauvre te connaisse. » « Quand je
te voile, ô Vierge, imite les abeilles qui
se nourrissent sur les fleurs. » Ainsi les

psaumes, ainsi les cantiques, occupant les saintes veilles ; les rares paroles, pleines, vraies et graves ; les rares sorties pour l'église et la visite aux proches ; la solitude, qui enseigne la réserve ; « l'école de la pudeur qui est le secret. » Il faudrait tout citer.

Avec saint Jérôme enfin, un traité complet ne laisse place à aucun doute pour celles qu'il nomme « les reines ». Une rude ascèse de travail et de jeûne doit les tenir toujours en éveil. Qu'elles ne se croient jamais en sûreté. Lui-même, le vieil athlète perdu dans les déserts brûlants, avait connu les plus âpres luttes ; « et n'ayant pour compagnie que les scorpions et les bêtes féroces, combien de fois me retrouvais-je parmi le chœur des jeunes filles ! »

Pour les grandes Romaines il introduit un élément nouveau de combat et de triomphe : nouveau du moins à ce degré-là. C'est le programme du mont Aventin : « Il faut lire beaucoup. Il faut scruter les Écritures. Il faut apprendre par cœur ; que le sommeil vous surprenne penchée sur votre livre ; et que votre front tombe sur la page sainte. Fixez le nombre d'heures consacrées à l'Écriture Sainte, à la lecture ; fixez-vous une tâche et travaillez la laine ; que les jours vous semblent toujours trop courts...

« Si quelques pauvres servantes partagent votre vocation, ne les traitez pas avec fierté, en souveraines. Vous n'avez qu'un époux. Vous chantez les mêmes psaumes ; vous recevez ensemble le corps du Christ. Tâchez d'en attirer bien d'autres. L'honneur des vierges est de se gagner des compagnes. Attachez-vous à l'enseignement de Pierre... »

Je glane ici et là, dans les merveilleuses épîtres à Eustochium, à Paule, à Asella, à Marcella, à Mélanie. Notre Geneviève, et tant d'autres en recevaient les échos. Car, saint Ambroise nous montre les vierges sacrées plus nombreuses que des armées, et venant se faire voiler à Milan non seulement des pays voisins mais même de la Mauritanie.

Des épitaphes d'Ausone, de Fortunat, de Sidoine Apollinaire nous montrent que les Gaules n'échappaient pas au mouvement général. Nous ne saurions redire ces vers médiocres, après les enseignements des Pères. Pour tout résumer nous donnerons ici le portrait de

la Vierge Marie, la Reine et l'exemple
des liliales phalanges, tel que saint Ambroise nous l'offre, et tel que le cardinal
de Cabrières qui invoquait chaque jour
les grandes vierges de Rome, Praxède,
Pudentienne, Domitille, Agnès et Cécile,
aimait à la citer.

« ...Elle était vierge non seulement
de corps mais de cœur, un cœur que nulle
affection perverse ne ternit jamais :
humble, mesurée dans ses paroles, pru-
dente dans ses pensées, amie du silence,
appliquée à la lecture, espérant non en
des richesses incertaines, mais en la
prière des pauvres, attentive à son travail, modeste en ses discours, prenant
pour règle non le jugement des hommes
mais celui de Dieu : n'offenser personne,
faire du bien à tous, se lever devant les

vieillards, ne pas envier les autres, fuir la jactance, suivre la raison, aimer la vertu. Montra-t-elle jamais même à ses parents un visage maussade? A ses proches un dissentiment?

« Elle ne sortait de sa maison que pour aller au temple, et toujours avec ses parents et ses proches. Solitaire dans sa demeure, jamais seule au dehors ; et pourtant sa meilleure garde était elle-même... Tel est le modèle de la virginité. Telle fut Marie dont la vie est devenue la règle de tous... Quiconque désire la récompense doit imiter son exemple... Combien de vierges formeront son cortège ! Combien elle en attirera vers le Seigneur (1)... »

Notre petite Geneviève fut de celles-là.

(1) Traduction du Révérendissime P. Dom Cabrol, abbé de Farnborough.

CHAPITRE V

I

Formée par des enseignements de cette grandeur et de cette force, étudions la façon dont notre Geneviève organisa sa vie pour les mettre en pratique. Nous avons dit qu'elle vint rejoindre à Paris une marraine qui semble avoir été riche, et de condition distinguée. Ce fut encore pour obéir à ses maîtres dans la foi qu'elle alla se mettre sous cette protection. Les Pères, en effet, recommandaient que les vierges, libérées de leurs obligations familiales, allassent, si elles étaient encore jeunes, s'asseoir au foyer

de quelque ancienne, grave matrone, ou
mieux, selon la pittoresque expression
de saint Ambroise : « Vierge Vétérane. »
Pour celles-ci, vieillies dans les pratiques
saintes, le pontife de Milan connaît
toutes les indulgences. Il les engage à
modérer leurs austérités, à se donner
uniquement aux études, à la charité,
aux prières. *Septies in die laudem dixi
tibi*, la grande loi ascétique qu'aucune
consacrée ne pouvait regarder comme
une charge, mais bien plutôt comme
une force, prenait toute son ampleur,
alors, « afin que le changement de travail devînt l'indice du repos. » Il est
donc simple qu'en arrivant à Paris Geneviève allât demeurer chez sa marraine.
C'est là, nous le verrons, qu'elle tomba
malade. Mais cette marraine mourut de

bonne heure. Nous ne la rencontrons plus au cours de notre histoire, pas même quand il s'agira de défendre sa filleule contre la mauvaise foi et les calomnies de voisins malveillants. Seule, Geneviève fera face à tout ; et dans quelque coin perdu de l'île, près de l'endroit qui porte son nom, nous la chercherons dans sa petite demeure solitaire, menant sa vie en Gallo-Romaine vaillante qu'elle était, forte, souriante et grave.

Nous y relevons, avec cette soumission filiale à l'autorité, les traits qui en font le principal caractère : la prière liturgique, le jeûne, la retraite et un partage harmonieux entre la solitude du dedans et les œuvres du dehors.

La vie liturgique, telle qu'on la comprenait alors à Jérusalem, nous a été

conservée dans le plus minutieux détail
par Sylvia, une Gauloise de haute naissance, dont la relation exacte nous a été
rendue par D. Cabrol ; ce document, rap-
proché des sources que nous avons pour
l'Occident, nous donne un tableau précis de ce qu'était cette vie de prière
sociale qui encadrait et embrassait plei-
nement « la vie ». Elle s'ouvrait chaque
matin avant le chant du coq ; elle se
poursuivait, en dehors du point central
de la messe, par deux autres réunions
publiques, où allaient tous les chrétiens
libres de leur temps, et se fermait aux
ombres de la nuit.

« Mais peut-on trois fois par jour se
dégager des affaires et de la vie ordinaire pour se rendre à l'église? » de-
mandera un des auditeurs de saint Jean

Chrysostome? « On peut toujours prier
trois fois par jour où que l'on soit, » ré-
pondra le saint. Où que l'on fût en effet :
car ces trois réunions, ces trois heures,
déjà difficiles à suivre se complétèrent
et devinrent les cinq, puis les sept heures
de l'office canonial. Pris par ses travaux,
ses affaires ou ses plaisirs, le peuple
laissa bientôt la récitation du psautier,
pour la plus grande part aux ascètes,
hommes et femmes, qui peu à peu, réu-
nis dans leurs églises propres, laissèrent
à leur tour ce soin au clergé, dans les
cathédrales et les paroisses : c'est du
moins la gradation qu'indiquent les meil-
leures sources. Au temps de Geneviève, la
place d'une vierge sacrée était toute marquée aux heures canoniales ; et toute sa vie
nous montre combien elle y fut assidue.

Or, ce n'étaient là que les jours ordi-
naires ; les grandes fêtes et tous les di-
manches demandaient un redoublement
de ferveur. Les vigiles qui les précédaient occupaient la nuit presque entière. Une lettre de Sidoine Apollinaire
nous décrit un de ces jours de fête, au
tombeau de saint Just (1).

« On avait, avant le jour, fait la procession annuelle, au milieu d'une immense population des deux sexes, que
ne pouvaient contenir la basilique et la
crypte, quoique entourées de vastes portiques. Après que les moines et les clercs
eurent, en chantant alternativement les
psaumes avec une grande douceur, célé-
bré Matines, chacun se retira de divers

(1) Sid. App., liv. V, lettre XVII.

côtés, pas très loin cependant, afin d'être tout prêt pour Tierce, lorsque les prêtres célébreraient le sacrifice divin. » Ces Gaulois fervents, certes, mais « suffoqués par la foule, la profusion de lumière, et les pesantes vapeurs d'une nuit d'été », se dispersèrent sous les ombrages, pour attendre la suite des offices, et finirent par jouer aux dés et à la paume. Les descriptions de Sylvie pourraient se rapprocher, trait pour trait, de celles de Sidoine Apollinaire. Elle omet cependant les jeux de dés et de paume.

II

Depuis l'âge de quinze ans jusqu'à l'âge de cinquante, Geneviève s'astreignit à un jeûne si rigoureux qu'il semblerait incroyable sans un secours particulier d'En Haut. Elle ne prenait de nourriture que le dimanche et le jeudi. Il est vrai, nous avons quelques exemples semblables parmi ses pères et ses amis : saint Loup, d'autres encore, ne mangeaient aussi que chaque deux ou trois jours : on se ménageait peu, en ce cinquième siècle.

Pour Geneviève, donc, hors le dimanche et le jeudi, tous les jours étaient des jours de jeûne ; et bien que la communauté chrétienne envisageât à cette époque un jeûne qui se rompait à trois heures de l'après-midi comme un jeûne mitigé, elle semble avoir excédé là les forces humaines : l'on comprend le mouvement de révolte des moines de saint Sévère, s'il cherchait à les entraîner dans ces sentiers abrupts : « Nous sommes des Gaulois, nous ne sommes pas des anges. » Ajoutons que Geneviève, comme, après elle, les Chartreux, ne mangea jamais de viande ; qu'elle écarta le vin, la bière, la cervoise et toute boisson fermentée ; qu'elle se nourrissait seulement de fèves, de pois, de pain d'orge. Saint Grégoire de Nazianze aurait pu la féliciter « de ne jamais manquer d'une boisson que lui offraient les puits, les

sources et les rivières de son Époux » ;
et saint Jérôme, et tous les autres, « de
prendre une nourriture à peine suffi-
sante pour soutenir la vie » ; cette vie se
maintint au delà de quatre-vingts ans,
active, énergique et saine, portant
jusque dans la mortification la grande
marque de l'humilité et de l'obéissance ;
quand Geneviève eut cinquante ans, les
évêques l'engagèrent à modérer ses austérités, à prendre du lait et du poisson.
Elle obéit joyeusement et jusqu'à la fin ;
son ascétisme était de bon aloi.

Outre la régularité de la prière liturgique et le jeûne, la vie spirituelle de
Geneviève comportait un élément bien
oublié de nos jours : le silence et la retraite. Non loin de son église Saint-Jean-
le-Rond, elle vécut, après la mort de sa

marraine, dans une petite demeure dont
la solitude demeura inviolée. L'approche
des grandes solennités ajoutait une retraite à cette retraite : ainsi, de l'Épi-
phanie à Pâques, elle ne sortait pas, sauf
sans doute pour aller à l'église, et ne
parlait à personne. Elle suivait en cela
l'exemple des Pères du Désert qui, à
l'approche du Carême, quittaient les
Laures et s'enfonçaient dans la solitude ; elle suivait les saints de son pays
et de son temps, et ceux qui l'avaient
précédée ; pour Pâques et pour l'Avent
ils se retiraient dans leur cellule, ou
même, ce qui était le sommet de l'ascèse, dans des îles où ils n'entendaient
d'autre bruit que le vent et les flots,
avec le son plein de leur âme. Fortunat
chante la cellule où Martin « cherchait

à s'ouvrir la porte du ciel ». Mais comme le remarque excellement G. Goyau, « s'isoler du monde n'était pas s'isoler de l'âme populaire. Et cette cellule était non pas l'antichambre du sépulcre, mais l'asile où les énergies se recueillaient, se ramassaient, avant de porter au dehors la vie nouvelle. » Cela est vrai pour Geneviève plus que pour tout autre.

Pour mener une telle vie, et la mener au milieu du peuple vivant et ardent de Paris, il fallait être fort. Et nous ne naissons pas forts ; nous le devenons par la grâce et par une volonté persévérante. Plus d'une fois sans doute, surtout dans les débuts, l'orpheline se rappela les jours joyeux de Nanterre, au milieu des prairies en fleurs, et les conversations des soirs, sous la petite lampe,

entre son père et sa mère. Le sol de
l'humble chambre de Paris était souvent trempé de ses larmes ; larmes qui
n'ont rien d'humain, nous dit le vieux
clerc... Qu'en sait-il? Les saints souf-
friraient-ils moins que les autres? Rapprochons ces larmes, pour leur donner
tout leur sens, de celles que versa le
Christ, « avec de grands cris et avec des
gémissements, » à l'heure de l'agonie.
Aucune trace n'en demeurait d'ailleurs
sur le radieux visage de notre sainte,
quand, maîtresse d'elle-même et toute
à Dieu, elle allait au-devant du bien à
faire, du bien quel qu'il fût : aider, con-
soler, guérir, réjouir ou défendre. Toute
sa vie s'édifia sur ces bases solides, et
sur le rayonnement miraculeux que Dieu
y posa dès son enfance, « le miracle ».

III

Le miracle, un miracle tout personnel, l'arma d'abord pour la longue lutte de la vie.

A peine arrivée à Paris, et encore chez sa marraine, Geneviève tomba en une sorte de paralysie qui la fit souffrir cruellement. C'est, je crois, la seule atteinte de maladie qu'elle eût à subir en quatre-vingt-dix ans. Les émotions de la mort de ses parents, l'abandon de Nanterre, le changement de vie pouvaient y avoir prédisposé celle que nous avons vue, tout enfant, pleurant amèrement sur sa mère aveugle, et qui

garda jusqu'à l'extrême vieillesse cette
profonde manière de sentir. Mais Dieu,
qui n'a fait ni le mal, ni la douleur, et
au contraire en dégage pour ses élus
un bien supérieur, fit sortir de la maladie
de Geneviève un don inappréciable.
Trois jours durant, dans l'extrémité de
son mal, et quand déjà l'on n'attendait
plus que sa fin, elle demeura sans mou-
vements, sans parole, ne paraissant vi-
vante que par la coloration ardente de
ses joues. Revenue à elle, elle laissa entendre aux plus proches qu'elle avait
passé ce temps en paradis, au sein des
biens invisibles que Dieu prépare à ceux
qui L'aiment, et sur lesquels le grand
Apôtre, ravi comme notre sainte et pour
le même laps de temps, ne rapporta qu'un
balbutiement d'extase. Que vit-elle? Et

qu'entendit-elle? Elle aussi se tut. Heureusement un autre saint de son temps
supplée à ce silence. Grégoire de Tours
nous conte le récit de ce dernier, si naïf
et si charmant que nous ne résistons
pas au plaisir de le donner ici. Aussi
bien, tous les élus ne verront-ils pas la
même chose? Écoutons donc Geneviève,
— je veux dire saint Sauve, évêque
d'Albi, son commensal en vision de paradis :

« Lorsqu'il y a quatre jours (1) vous
m'avez trouvé dans ma cellule ébranlée,
je fus emporté et enlevé au ciel par les
anges, de sorte qu'il me semblait que
j'avais sous les pieds, non seulement
cette terre fangeuse, mais aussi le soleil

____

(1) *Grégoire de Tours*, t. Ier, liv. VII.

et la lune, les nuages et les astres ; on
m'introduisit ensuite par une porte plus
brillante que le jour dans une demeure
remplie d'une lumière ineffable et d'une
étendue inexprimable, dont tout le pavé
était resplendissant d'or et d'argent ;
elle était remplie d'une telle multitude
des deux sexes que, ni en longueur, ni
en largeur, les regards ne pouvaient
percer la foule. Quand les anges qui
nous précédaient nous eurent frayé un
chemin parmi les rangs serrés, nous arri-
vâmes à un endroit que nous avions
déjà considéré de loin et sur lequel était
suspendu un nuage plus lumineux que
toute lumière ; on n'y pouvait distinguer
ni le soleil, ni la lune, ni aucune étoile,
et il brillait par sa propre clarté beaucoup plus que tous les astres ; de la mer

sortait une voix semblable à la voix des grandes eaux. Moi, pauvre pécheur, j'étais salué humblement par des hommes en habits sacerdotaux et séculiers, et qui étaient, comme me l'apprirent ceux qui me précédaient, des martyrs et des confesseurs que nous prions ici-bas avec le plus profond respect.

« M'étant placé dans l'endroit qu'on m'indiqua, je fus inondé d'un parfum d'une douceur excessive, qui me nourrît tellement que je n'ai encore ni faim ni soif...

« J'entendis une voix qui disait : « Qu'il retourne sur la terre, car il est nécessaire à nos Églises. » J'entendais une voix, car on ne pouvait voir celui qui parlait. M'étant prosterné sur le pavé je dis en gémissant : « Hélas ! Hélas ! Seigneur, pourquoi m'as-tu fait connaître ces choses si je devais en être privé? »

Notre Geneviève dut proférer la même plainte en se retrouvant sur la terre. Seulement sa vie intérieure était changée. Elle savait dès lors, non plus seulement par la foi, mais par son expérience personnelle, à quels rivages radieux aborderait sa nacelle. Elle connaissait le terme du dur chemin. Elle pouvait donc, comme le dit l'aimable François de Sales, passer bellement la nuit dans la mauvaise hôtellerie de la terre, en attendant le glorieux réveil.

La nuit, la mauvaise hôtellerie, c'est bien cela. Les ombres allaient s'épaississant autour d'elle ; et les dispositions de ses compagnons de voyage devenaient malveillantes et hargneuses.

CHAPITRE VI

I

Est-ce de ce séjour en paradis que
Geneviève rapporta le don qui la suivit
jusqu'à la fin, et qui devait lui attirer
d'abord tant d'ennemis? Nous ne savons. Déjà, au cours de cette histoire,
nous avons pu remarquer en elle, dans
ses conversations avec saint Germain ou
avec sa mère, à six ans, dans ses résolu-
tions et ses démarches de jeune fille,
non seulement le clair bon sens français
dont elle fut une incarnation parfaite,
mais une intelligence de premier ordre.
Elle voyait et elle comprenait, elle verra

et comprendra toujours avec une vitesse, une netteté, une profondeur d'intuition et de décision qui la rendront capable, elle, une simple fille, de devenir l'émule des plus grands hommes de son temps, et comme eux, à son heure, dans le plus haut sens du mot, de prendre place parmi les *defensor civitatis*. A ces merveilleuses dispositions naturelles, Dieu ajouta un don spécial : celui de voir et de lire directement dans les âmes. Bien des saints ont joui de la même faculté ; nous en avons connu de nos jours, et pour ne citer qu'un exemple indiscutable, le saint curé d'Ars. Ce don doit être une source de peine plus que de joie. Comme il n'est pas octroyé pour satisfaire une curiosité vaine, mais pour le bien des âmes, il dissipe les ombres qui enveloppent les pécheurs et met à nu devant le voyant les plus hideuses plaies ; en outre, et comme une arme à double tranchant, si le saint souffre de ce qu'il voit, le pécheur souffre de sortir de ses illusions et de son mensonge et de voir en pleine lumière la laideur de son péché. Ainsi en advint-il pour une femme de Bourges. Celle-ci vint vers Geneviève, avec de grandes démonstrations de vénération et d'amitié. Sans doute elle avait entendu parler de la sainte, à Bourges, par l'évêque Vilicus, ou par les consacrées. Cette femme était vêtue de vêtements sombres, — en contraste avec les couleurs claires, chères aux Gallo-Romaines, — mais pareils aux vêtements modestes des vierges et des veuves. Et Geneviève

s'informa : la visiteuse était-elle en effet
une vierge ou une veuve? Pleine d'assurance son interlocutrice répondit qu'elle
avait le bonheur d'être, comme Geneviève, une vierge sacrée. Mais elle s'arrêta, interdite, devant le clair regard
qui, écartant les protestations et les paroles vaines, descendait jusqu'aux plaies
secrètes de l'âme et en sondait la profondeur. Sans autre enquête, sans autre
question, Geneviève refit tout haut la
lamentable histoire vécue tout bas. Déjà
la pécheresse était à ses genoux : et
tant de miséricorde, tant de charité, une
si ineffable bonté rayonnait de notre
jeune sainte que les plaies envenimées
se fermaient sous sa main, l'âme se raf-
fermissait, se relevait, et par une sincère
pénitence se retournait vers Dieu.

Mais ce rôle de justicier, si discrète-
ment qu'il soit exercé, n'est pas sans
traîner après soi bien des colères, des ran-
cunes et des révoltes. Nous nous expli-
quons par là les mauvais bruits qui commencèrent à circuler sur Geneviève ; par
là, par l'envie naturelle aux âmes médiocres devant ce qui décidément les
dépasse ; enfin, par la sottise ordinaire,
par le haussement d'épaules qui accompagne la constatation décevante : « Elle
n'est pas comme les autres. » La recluse
avait beau s'enfermer dans le silence et
cacher autant qu'elle le pouvait les ma-
nifestations de sa vie spirituelle, cette
Lutèce toute tassée, toute ramassée dans
son île était aussi curieuse et bavarde
que la plus reculée de nos petites villes
de province le serait à présent. La mar-

chande d'herbes savait que Geneviève
n'allait au marché que tous les quinze
jours, et encore ! Si son biographe nous
dit que les fèves dont elle se nourrissait
étaient cuites parfois depuis trois semaines, les commères de Saint-Étienne
ou de Saint-Jean-le-Rond ne l'ignoraient
pas ; quant au boucher d'en face, elle
n'entrait jamais dans sa boutique, pas
même aux fêtes chômées ; cependant,
elle avait du bien, sa marraine avait des
maisons, et des champs dans les environs
de Meaux ; et si tout le monde en faisait
autant? Où irait la vente? Enfin les
voisines les plus proches se demandaient
l'une à l'autre ce qu'elle pouvait bien
faire ces longues semaines sans qu'on la
vît ; même une d'elles, plus hardie et
d'une curiosité plus exaspérée, avait ap-

pliqué son œil à la serrure de la petite
demeure ; et voilà que la commère était
devenue subitement aveugle, ce qui n'allait pas à arranger les affaires ; Jeteuse
de sorts et de maléfices ! Hypocrite !
Les têtes commençaient à se détourner
sur son passage, et les demi-mots, les
rires ironiques la suivaient.

Ne sentait-elle pas cela dans les
moindres nuances, elle qui lisait au dedans des cœurs comme en un livre ou-
vert? Et avec la profondeur de délica-
tesse native que nous savons, et que le
contact habituel avec Dieu creusait et
maîtrisait, sans la détruire, n'avait-elle
vraiment pas trop mal, n'avait-elle pas
trop froid, dans cette ambiance hostile
où personne ne prenait sa défense? Elle
se taisait, elle priait... et le sol de sa

petite cellule était mouillé de larmes. Il faut perdre la pensée qu'on monte aux sommets en se jouant. Celui qui a marché le premier sur la route de l'offrande volontaire de soi, a laissé des traces sanglantes sur le chemin. Et le calvaire nu, le cri dans l'extrémité de l'abandon et dans la nuit, précède les triomphes et les résurrections.

II

Pourtant, rassurons-nous. Les saints ne changeraient pas leurs souffrances, endurées avec le Christ et pour le Christ contre nos misérables joies. Et s'ils refusent de se défendre eux-mêmes, le Seigneur les délivre et les défend, et de quelle merveilleuse manière ! Ici, ce fut encore saint Germain d'Auxerre, le père et l'ami de ses six ans, qui vint au secours de Geneviève.

Il y a quelque chose de si frappant dans la première rencontre de l'enfant et des deux évêques, dont elle reproduira les exemples ; et puis, mort ou vivant,

Germain est tellement lié aux heures
graves de sa vie qu'il nous faut le bien
connaître pour mieux éclairer notre
sainte par sa propre lumière.

Le premier voyage de Loup et de Germain en Grande-Bretagne, après l'arrêt
à Nanterre (429), avait été marqué par
une furieuse tempête que Germain
calma, nous dit Bède le Vénérable, en
jetant de l'eau bénite dans les flots. Des
controverses, non moins furieuses que
la tempête, s'apaisèrent par la bénédiction de Dieu, la force de la vérité, et la
guérison d'une aveugle que l'on avait
amenée aux deux saints. Ajoutons, pour
bien comprendre ces merveilleux évêques
du cinquième siècle, que l'année suivante (430) Germain, se souvenant qu'il
était chef d'armées, aida ses hôtes à re-

pousser une invasion de Pictes et de Saxons.

A son retour à Auxerre, Germain trouva son peuple écrasé d'impôts. Il se souvint cette fois, avec le même à-propos, qu'il était sénateur et fils de sénateur ; il alla à Arles, près du préfet Auxiliaris, plaider la cause de ses ouailles et il la gagna.

Un nouveau sursaut du pélagianisme le rappela en Grande-Bretagne. Il avait cette fois pour compagnon saint Sévère, évêque de Trêves (447). Ce fut à ce moment où nous sommes qu'il traversa de nouveau Paris. Tout le peuple vint à sa rencontre avec empressement. Et soit que Germain, demeuré en correspondance avec Geneviève, sût qu'elle habitait là, soit que suivant la lumière de

Nanterre, et confiant dans les destinées
de l'enfant, il eût l'assurance que déjà
on la connaissait, il s'informa d'elle en
entrant à Paris. Les réponses furent éva-
sives ou malveillantes : « Cette Geneviève ! »

Étonné, mais non ébranlé, l'évêque
demanda qu'on le menât jusqu'à la cellule de la recluse. Le peuple en foule
l'accompagna et s'arrêta, interdit, devant les marques de vénération que le
grand évêque donna à l'humble jeune
fille. Geneviève avait alors vingt-quatre
ans. Le pontife s'entretint longuement
avec elle, puis s'agenouilla dans l'étroite
cellule pour prier. Ce fut lui qui, avec
émotion, montra aux assistants « le sol
trempé de larmes », et il prit la défense
de la vierge sacrée avec tant d'énergie

et il reprocha à ces êtres mobiles leur attitude avec tant d'indignation qu'un revirement se fit aussitôt parmi le peuple. Les indifférents devinrent enthousiastes, les malveillants se turent. « Les diables se retirèrent pour un temps » comme après la tentation du Seigneur au désert.

Elle, toujours silencieuse, appuyait, confiante, sa faiblesse à cette force, comme dans la tempête un nid de passereau reste blotti entre les puissantes ramures d'un chêne. Si Geneviève pleura ce jour-là, ce fut de joie, ou de ces larmes inénarrables des saints, faites de contrition, de reconnaissance et d'amour.

CHAPITRE VII

I

Geneviève vécut quatre ans dans
cette atmosphère apaisée, menant la
même vie, faisant du bien à tous, sans
exclure les ennemis de la veille. Elle
rendit la vue à la femme qui l'épiait
à travers la serrure, et à une autre qui,
profitant du tumulte, lui avait dérobé
ses chaussures ; toujours large de cœur,
et toujours la « benignissima », la « dulcissima », des vieux textes. Paris regardait, attentif, cette jeune fille grandie
par l'amitié et la protection d'un des
plus grands évêques ; elle occupait dès

lors une place à part dans la cité impressionnable et mobile. Il y eut là pour la sainte et pour sa chère patrie quatre années de calme avant la plus furieuse des tempêtes.

Est-ce que ce Paris que nous venons d'entrevoir, resserré dans son île, entre les deux ponts qui le relient, au nord, aux forêts et aux marécages, et au sud à la civilisation, était bien différent de la Lutèce dont le nom vient pour la première fois dans l'histoire sous la plume de César? Né cent ans avant notre ère, ce petit bourg de la petite tribu des Parisii, avec son cortège d'îlots de bois et de marais nous apparaît bien comme les historiens latins nous le montrent, dans un pays d'abord difficile et dans une région impraticable. Cela explique

la croissance lente de Lutèce, lente,
mais irrésistible, car elle a en même
temps une position stratégique dont César a compris la valeur, il y a cinq siècles,
comme Clovis et nos Mérovingiens vont
la comprendre demain. Nous avons dit,
dès les premiers temps, l'importance du
corps des « Nautes » parisiens ; relations,
commerce, marché, tout se ressent de
cette batellerie active ; Lutèce croît ;
elle déborde l'île étroite, bien plus petite
qu'elle n'est aujourd'hui, après l'agglo-
mérat d'îlots successifs (1). (L'île du premier siècle avant Jésus-Christ, comme
l'île du cinquième après, n'avait que dix
hectares, au lieu des dix-sept hectares

(1) En tout ce qui touche le Paris gallo-romain,
nous avons suivi DE PACHTÈRE, 1912, *Paris à l'époque
gallo-romaine.*

qu'elle a maintenant ; Lutèce, après la
conquête, est reliée au monde par les
voies romaines ; elle s'étend, elle pros-
père, ses édifices escaladent le mont qui
deviendra la montagne Sainte-Gene-
viève. Elle atteint son apogée sous
Marc-Aurèle. De larges rues droites,
des demeures opulentes, un théâtre, un
palais, un aqueduc, un arc de triomphe,
des thermes l'embellissent ; Lutèce devient une importante ville gallo-romaine. Les invasions successives et les
barbares détruisirent et incendièrent
tout cela. Les ruines s'accumulèrent ;
le charme persista. On connaît la page
célèbre de l'empereur Julien sur « sa
chère Lutèce » ; il parle de la douceur
du climat, des eaux riantes et pures, des
vignes et des figuiers qui poussent alen-

tour ; l'empereur aime Lutèce, et il se flatte d'en être aimé. Si le portrait cynique qu'il trace de lui-même est vrai, joint à ce titre d'apostat qui n'est pas en soi une recommandation, j'espère pour les Parisii d'alors, qu'il se fit quelque illusion.

La ville gallo-romaine, épanouie à la haute époque et débordant de son île, y rentre peureusement devant les invasions, s'entoure de défenses et de murailles. Nous la retrouvons ainsi au cinquième siècle, entre son palais à l'occident et sa cathédrale à l'orient.

L'âme de Paris est l'âme même de la Gaule, à la fois Celte et Latine. Elle s'avère longtemps Gauloise : Lutèce envoie des secours et des renforts à Vercingétorix, et combat César. Vaincue, l'âme celtique persiste ; l'autel des Nautes que l'on voit à Cluny n'a de romain que Tibère et le Dieu ; les costumes, les offrandes, les rites, tout est gaulois. Chose plus significative, on a retrouvé près de la très vieille église Saint-Marcel, et dans son cimetière, un mort chrétien, portant sur sa poitrine une médaille de plomb gravée en gaulois. Cela nous rapproche du temps qui nous occupe ; cependant, là aussi, on n'est pas d'accord sur l'heure où Paris devint chrétien ; de lointaines traditions, de lointains souvenirs évoquent toujours saint Denys aux origines, comme le premier apôtre ; il y a son église, avec Saint-Marcel, et d'autres églises dans la cité en ce cinquième siècle, Saint-Jean-le-Rond, Notre-Dame...

Quoi qu'il en soit, comme le remarque Goyau, « Romani » et « Catholici » deviennent rapidement synonymes. La foi a fortifié le loyalisme de la Gaule ; et c'est même un de ses beaux gestes, cette fidélité jusqu'à l'extrême limite à un empire qui lui a coûté bien des martyrs. Les barbares sauront nous le reprocher plus tard. Mais Lutèce, alors comme aujourd'hui, combat les barbares, quelque nom qu'ils portent. La note que Bainville (1) donne pour la Gaule entière était vraie à Paris plus qu'ailleurs. Lutèce, d'un esprit plus affiné et déjà d'un sens plus profond et plus exquis de ses destinées, aima d'instinct cette civilisation gréco-latine que lui apportait Rome.

(1) Je mets J. Bainville, avec Fustel de Coulange et C. Jullian, parmi ceux dont je m'inspire constamment.

Elle en vécut. Les lettres de Sidoine
Apollinaire nous montrent, comme nous
l'avons vu et comme nous le verrons, la
vie opulente et douce de ces Gallo-
Romains, qui parlaient de leurs champs
ou qui décrivaient leurs demeures en
songeant aux lettres de Pline, et qui
ornaient de vers latins jusqu'aux ins-
criptions chrétiennes de leurs tombeaux.
La barbarie était la ruine de cette cul-
ture et de cette élégance ; rien ne contri-
bua davantage à cimenter l'amitié gallo-
romaine que la lutte commune et persévérante contre les barbares. Nous
sommes à l'heure où cette vérité devient le plus éclatante ; Aétius, à la tête
de toute la Gaule, va mener la résistance
contre ceux qui, pour les barbares eux-
mêmes, étaient les barbares : les Huns.

II

Amédée Thierry, dont il faut lire l'*Histoire d'Attila*, nous donne, d'après les
sources les plus autorisées (1), un portrait hideux des Huns et de leur roi.
Petits, trapus, chauves, le nez écrasé,
les yeux noyés dans la graisse, ces yeux
pleins de cruauté et de ruse, mais si per-
çants qu'ils pouvaient voir distincte-
ment au fond d'un puits, les Huns vivaient sur leurs chevaux dès qu'ils pouvaient se tenir en selle, et, aux jours de

(1) Priscus, savant grec qui fit un long séjour chez
les Huns où Théodoric II l'envoyait en mission,
Jordanès ou Jornandès, évêque de Ravenne, Sidoine
Apollinaire, etc.

disette ou de presse, en buvaient le sang.
A leur naissance, leurs mères leur com-
primaient le crâne et leur aplatissaient
le nez, afin qu'ils pussent porter plus
aisément le casque ; vêtus de peaux de
bêtes nouées au cou, ils avaient un aspect
horrible. Attila renchérissait encore sur
ses sujets : « Né pour épouvanter les
peuples et ébranler la terre (1), noir,
trapu, se reconnaissant parmi les autres
au feu sinistre de ses prunelles, une
cruauté froide, et tous les instincts kal-
mouks de débauche et de ruse » le
faisaient passer pour un diable dans
l'imagination effarée des hommes. Les
Scandinaves le croyaient du moins en
commerce avec l'enfer. Par une jactance

(1) Tous les détails de ce chapitre sont pris dans
Amédée Thierry et les sources qu'il indique.

qui n'était que trop justifiée, il aimait à
se nommer « le Fléau de Dieu », « le Mar-
teau du monde ». « Une ville resterait-
elle debout si Attila avait décidé qu'elle
tombe? » écrivait-il aux empereurs Théo-
dose et Valentinien. On lui reconnaissait
le mépris de la mort et le mépris des richesses, une intelligence vaste ; et, —
ceci il le prouva, en maintes rencontres
avec saint Léon le Grand ou les évêques,
— un instinct obscur de ce qui était
autre que lui, supérieur à lui, qui le
rendait parfois accessible aux prières.
Il était juste aux siens, et son peuple
qui se reconnaissait en ce digne chef
s'adorait en lui. Il traînait après soi une
armée de six cent mille hommes et une
escorte de princes qui tremblaient à sa
vue. Il avait une cour... Le croirait-on?

Des filles vêtues de blanc venaient au-
devant de lui avec des chants ; ses
femmes brodaient avec de l'or et de
l'argent ! Ses festins comportaient un
cérémonial compliqué. Écoutez plutôt :

« ...Au milieu de la salle du festin
s'élevait une estrade qui portait la table
d'Attila et son lit... Au moment où les
ambassadeurs entrèrent, des échansons,
apostés près du seuil de la porte, leur
remirent des coupes pleines de vin, dans
lesquelles ils durent boire en saluant le
roi. C'était un cérémonial obligatoire...
Après le festin et des libations sans
nombre, on vit entrer deux poètes qui
chantèrent, en langue runique, devant
Attila des vers de leur composition des-
tinés à célébrer ses vertus guerrières et
ses victoires. Leurs chants excitèrent

dans l'auditoire des transports qui allèrent jusqu'au délire : les yeux étincelaient, les visages prenaient un aspect terrible, beaucoup pleuraient, » dit Priscus (1).

Attila seul demeurait immobile et morne. Ses hôtes étaient servis dans la vaisselle d'or et d'argent, butin de ces bandits « qui déménageaient le monde comme une maison que l'on quitte », dira Chateaubriand. Attila se faisait servir dans une grossière vaisselle de bois. Pendant ces festins et ces chants, les otages crucifiés râlaient au seuil de la tente royale, un épieu dans la gorge.

Et voici que ces hordes, campées entre la Caspienne et l'Oural, s'ébranlaient,

____

(1) Amédée Thierry, *Histoire d'Attila*, t. Ier, chap. iv.

traversaient l'Europe, sous prétexte de répondre à l'appel des Vandales, arrivaient aux portes de la Gaule. Le 6 avril, Attila prend et pille Metz ; ses troupes se répandent en masse dévastatrice, portant partout le fer et le feu, le meurtre, la ruine, l'incendie des moissons, les fermes saccagées, les arbres fruitiers coupés. Nous avons connu ces invasions, ces épouvantes et la même série de crimes.

Toute la Gaule allait se grouper derrière Aétius, le dernier vrai représentant de Rome, « homme doué de tous les dons », dira Grégoire de Tours. Aétius connaissait personnellement Attila, son oncle Rona, les mœurs et la manière de vivre de leurs sujets ; car Aétius avait été otage, quelque temps, chez Rona,

roi des Huns avant celui-ci. Le Romain
et le Hun échangèrent même des présents ; le Romain envoyait des sénateurs et des interprètes, le Hun, des
nains et des monstres. Aétius savait
donc bien à qui il avait affaire ; il lança
un appel général à tous les alliés de
Rome ; les Wisigoths, hésitants, se ren-
dirent aux instances d'Avitus, beau-père
de Sidoine Apollinaire, ami de Théodoric
« et les escadrons couverts de fourrures
se levèrent au son des trompettes la-
tines » ; les Burgondes suivirent, et,
pour la première fois au cours de cette
histoire, nous rencontrons les Francs,
groupés contre l'envahisseur sous les
aigles de Rome. Déjà l'ennemi s'avan-
çait vers Orléans. L'évêque saint Aignan
était accouru en personne vers Aétius

pour obtenir qu'il hâtât sa marche.

« O mon fils, suppliait-il, si le huitième jour avant les calendes de juin tu n'es pas venu à notre secours, la bête féroce aura dévoré mon troupeau. » Aétius promit ; mais les angoisses de l'évêque ne s'apaisèrent pas. Il faut lire en Grégoire de Tours cette page de nos annales :

« Attila vint mettre le siège devant Orléans et tâcha de s'en emparer en l'ébranlant par le choc puissant du bélier. Vers ce temps-là, cette ville avait pour évêque le bienheureux Anian, homme d'une éminente sagesse et d'une louable sainteté, dont les actions vertueuses ont été fidèlement conservées parmi nous. Et comme les assiégés demandaient à grands cris à leur pontife ce qu'ils avaient à faire, celui-ci, mettant sa confiance en Dieu, les engagea à se prosterner tous pour prier et implorer avec larmes le secours du Seigneur, toujours présent dans les calamités. Ceux-ci s'étant mis à prier selon son conseil, le pontife dit : « Regardez du haut du rempart de la ville si la miséricorde de Dieu vient à notre secours. » Car il espérait, par la miséricorde de Dieu, voir arriver Aétius que, prévoyant l'avenir, il était allé trouver à Arles ; mais, regardant du haut des murs, ils n'aperçurent personne ; et l'évêque leur dit : « Priez avec zèle, car le Seigneur vous délivrera aujourd'hui. » Ils se mirent à prier, et il leur dit : « Regardez une seconde fois. » Et ayant regardé, ils ne virent personne qui leur apportât du secours. Il leur dit pour la troisième fois : « Si vous le suppliez sincèrement, Dieu va vous secourir promptement. » Et ils imploraient la miséricorde de Dieu avec de grands gémissements et de grandes lamentations.

Leur oraison finie, ils vont, par l'ordre du vieillard, regarder pour la troisième fois du haut du rempart et aperçoivent de loin comme un nuage qui s'élève de terre. Ils l'annoncent au pontife, qui leur dit : « C'est le secours du Seigneur. » Cependant, les remparts, ébranlés déjà sous les coups du bélier, étaient au moment de s'écrouler, lorsque voilà Aétius qui arrive, voilà Théodoric, roi des Goths, ainsi que Thorismond, son fils, qui accourent vers la ville, à la tête de leurs armées, renversant et repoussant l'ennemi.

La ville ayant donc été délivrée par l'intercession du saint pontife, ils mettent en fuite Attila (1).

La grande trilogie que chante Sidoine, « Anianus, Lupus, Germanus », ne s'est pas éteinte avec les siècles. Nous avons vu en nos jours nos grands évêques lutter pied à pied contre le barbare ; et il faudrait nommer tous ceux de nos dix départements et ceux de tous les pays envahis pour être dans la vérité. Un nom les résume tous, et je ne puis pas ne pas le prononcer ici. Contre l'Attila moderne mettant tout à feu et à sang, il a suivi son héroïque roi ; il a soutenu son peuple héroïque. Et nous avons tous dans l'esprit l'admirable lettre pastorale

(1) Saint GRÉGOIRE DE TOURS, *Histoire des Francs*, liv. II.

du cardinal Mercier, écrite au milieu des proscriptions, des menaces, des incendies, des supplices :

« *Cette autorité n'est pas une autorité légitime... Vous ne lui devez ni estime, ni attachement, ni obéissance...* »

Saint Léon le Grand, Loup, Germain, Aignan, auraient signé cette lettre.

CHAPITRE VIII

I

Nous avons anticipé un peu sur notre histoire, pour ne pas interrompre Grégoire de Tours. Revenons à Paris. Dès les premiers bruits de l'arrivée des Huns, la panique était à son comble On ne tremblait pas en vain ; on avait vu des invasions, et celle de 406-411, Alains, Suèdes, Saxons, laissait des souvenirs d'horreur, qui ne semblaient pas pouvoir être dépassés. Hélas ! il n'y avait pas d'horreurs qu'Attila ne dépassât ; on le savait ; et la terreur s'emparait des habitants. Personne ne se croyait à l'abri, derrière les insuffisantes murailles.

Traverser la Seine, les renverser, tout mettre à feu et à sang ne serait qu'un jeu pour les barbares. On n'entendait plus qu'un mot : « fuir ». Les plus prévoyants, ou les plus avisés, avaient requis les barques des nautes. Les maisons se vidaient ; les objets les plus précieux s'entassaient à la hâte ; chacun, songeant à sa propre sûreté, cherchait à devancer les autres. Est-ce que cela ne rappelle pas un jour tout proche de bombardement, les gares envahies, les colis amoncelés, la hâte et la peur?... L'histoire a d'éternels retours... Et cette attitude, si elle n'était pas héroïque, avait au moins des lueurs de bon sens. Si Attila pillait et brûlait la ville, comme il le faisait partout sur son passage, il pillerait et brûlerait du moins une ville vide. Et l'on allait abandonner Paris, sans même essayer de le défendre.

Ce fut alors que cette jeune fille de vingt-huit ans, notre Geneviève, se leva comme le palladium de la cité. Il ne fallait pas fuir, il fallait rester ; sa haute intelligence du devoir et sa bravoure naturelle l'y invitaient. Mais elle était fortifiée aussi par cette lumière prophétique qui dévoilait à ses yeux les choses invisibles : *Paris serait épargné*. Avec son grand sens, elle n'aborda pas de front et par de vaines paroles une ville que l'effroi affolait. Elle s'adressa d'abord à ses amies de chaque jour, à ses voisines, à celles dont elle avait guéri les yeux, ou sauvé l'enfant, ou réconforté l'âme, à celles sur lesquelles se répandait, à chaque appel, une charité intelligente et infatigable ; à celles-là d'abord. Son emprise sur elles devait être irrésistible. Elle leur répétait, avec une conviction qui impressionnait les plus prévenues, que le devoir était de rester, que Paris échapperait au désastre, que les Huns n'approcheraient pas des murailles, *pourvu que l'on priât*. Et les versets des psaumes qu'elle récitait chaque jour venaient instinctivement sur ses lèvres ajouter les assurances de Dieu à ses propres assurances. Elle réunit ses amies à Saint-Jean-le-Rond, dans la prière, les jeûnes, les saintes veilles, le chant des psaumes. Comme Aignan à son troupeau, cette fille des évêques redisait à ses ouailles tremblantes : « Priez, et le Seigneur vous exaucera. »

Subjuguées, dominées, les femmes obéis-
saient, jeûnaient et priaient, et l'entou-
raient à Saint-Jean-le-Rond durant les
longues heures de la nuit.

Lorsqu'elle eut ainsi imploré avec
elles le secours du Seigneur, lorsqu'elle
les eut élevées jusqu'à cette confiance
surhumaine, avec la même tranquillité
et la même assurance, elle s'adressa à
toute la population, essayant de faire
passer en eux tous l'héroïsme simple de
son âme. On ne devait pas abandonner
Paris. Il fallait y rester... Paris n'avait
rien à craindre. Dieu écarterait le fléau.
On l'écouta, avec étonnement d'abord,
puis avec l'irritation de ceux dont on
contrecarre les projets, puis avec la fureur aveugle de la panique. Ses tentatives auprès des femmes n'avaient

10

échappé à personne ; la confiance dont
elle les animait paraissait, comme la
sienne, de la folie pure. Que savait-elle,
pour parler ainsi? Qui était-elle pour
donner ces espérances? Elle allait, si on
l'écoutait, les acculer au plus horrible
des sièges et à la plus horrible des morts.
Fallait-il encore que le barbare fît de
Lutèce, comme les Alains de Trèves, il
n'y avait pas cinquante ans, un charnier
où les corbeaux et les loups se dispu-
taient les cadavres? La colère allait
grondant, s'exaspérant. On se représente Geneviève, entourée de la horde
des défaitistes, d'autant plus braves,
autour d'une femme, qu'ils étaient moins
hardis par ailleurs ; et, cette fois, il ne
s'agissait pas, comme il y a quatre ans,
des bruits du dehors que l'on colporte

avec ironie, avec un sourire, sans qu'ils vous touchent. Il s'agissait de sauver sa peau, et de se délivrer d'une folle. Ceux qui, réduits une première fois au silence, attendaient à l'affût une heure propice à leur rancune, soufflaient sur le feu, reprenaient le vieux thème : « Hypocrite ! sorcière ! » Et la peur, la peur hideuse et aveugle, qui n'a qu'un instinct, écarter l'obstacle et fuir le danger, éclata en clameurs répétées : « Qu'on en finisse ! A l'eau ! A la Seine ! »

Geneviève demeurait calme. Tout le vieux sang héroïque de la race la maintenait impassible à cette heure décisive. Elle ne pensa pas à Vercingétorix, sans doute. Elle fit mieux. Elle l'imita.

Ce n'est pas un appel furtif, un retour accidentel à un beau geste, qui enchaîne

un être à un autre et un acte à un autre,
et les montre pareils devant le danger,
et forme de cela « la race ». Non. C'est
respirer le même air, vivre du même
sang, obéir aux mêmes nobles instincts,
et, pour nous, se jeter en avant et se sa-
crifier aux causes que l'on sait, *que l'on
sent* plus chères que la vie. Nos frères
et nos fils, sans évoquer Bayard ou
Du Guesclins, ont morts comme eux de
la même mort héroïque et simple. Notre
Gallo-Romaine eut aussi, instinctivement, l'attitude de tout le vieux passé.
Regardons-la quelle que soit notre foi,
à la suite des aïeux marqués pour le
sacrifice affrontant le danger sans fré-
mir ; elle sentait bien que mourir pour
défendre et sauver les siens était plus
haut que vivre. Mais nous qui savons

sa foi, regardons-la au-dessus de ce qui passe, rejoignant de toutes les forces de son âme, de toutes les tendresses de son cœur, le Dieu à qui elle s'était donnée. Elle s'offrait comme Lui, avec Lui, sur le Calvaire où Il mourut par les mains des hommes qu'Il était venu sauver. C'est vers Lui qu'elle s'élevait ; c'est avec Lui qu'elle priait, tranquille et lumineuse, comme au jour de sa consécration... Je pense que, à ce seuil de la mort, elle atteignit les sommets de la hauteur morale, dans une harmonie souveraine entre sa race et sa foi. Et c'est pour cela qu'elle gardait alors ce « clair visage » des vieux textes, ce visage que la grande lumière intérieure idéalisait.

Tout cela se passa, de sa part, dans l'habituel silence, sans protestations, sans phrases. Déjà les plus forcenés avaient mis la main sur elle et l'entraînaient vers la rivière. Mais l'évêque Germain, mort, vint à son secours, comme, vivant, il l'avait défendue quatre ans avant. Par une coïncidence providentielle, Sedulus, archidiacre d'Auxerre, entrant inopinément à Paris, vit ce qui se préparait... Il arrêta l'émeute et apaisa la tempête... Que faisaient-ils? Ne craignaient-ils pas la colère de Dieu? Ils mettaient la main sur l'élue du Seigneur? Et Germain, mourant, la lui avait recommandée. il lui envoyait ses bénédictions, une eulogie qu'il leur montrait. Il parla assez longtemps pour donner à ce peuple mobile le temps de se ressaisir, de se repentir... Oui. Que faisaient-ils? Et s'ils se trompaient? Et si Geneviève, inspirée de Dieu, disait vrai?

II

Geneviève avait dit vrai. Les Huns n'approchèrent pas de Paris.

Tout le monde sait la suite, dont nous empruntons les traits les plus incisifs à Jornandès. Après le siège et la délivrance d'Orléans, Attila battit en retraite, suivi par Aétius, « dont la prévoyance fut telle qu'il put opposer aux barbares des forces presque égales aux leurs. Ce fut une dernière fois le triomphe de la politique séculaire de Rome, opposer le Goth au Goth, le Burgonde au Burgonde, le Franc au Franc. Non loin de Châlons-sur-Marne, l'engagement formidable eut lieu : la nuit, une première attaque de Mérovée et de ses Francs contre l'arrière-garde des Gépides avait laissé quinze mille morts sur le terrain. Mais qu'était-ce que cela auprès de ce qui allait suivre? Cette même nuit, Attila, entouré de ses sorciers et de victimes aux entrailles ouvertes, interrogeait le sort : tous les présages étaient funestes. Pour la première fois, le Hun serait vaincu. Mais un grand chef ennemi mourrait. Attila, pensant que c'était Aétius, respira. Il fit même à ses troupes un discours où il insultait les Romains, « que la poussière suffit à mettre en fuite ». et commandait de faire porter tout l'effort contre les Wisigoths.

Aétius, se montrant aussi grand homme de guerre que grand politique,

disposa ses alliés avec un art consommé,
et occupa, sans coup férir, la haute émi-
nence qui dominait le champ de bataille ;
on en vint aux mains au milieu du jour.
L'air était assourdi par les tambours
tartares et les sons sauvages des trompes.
« Ce fut une lutte horrible, inouïe. L'an-
tiquité ne connut rien de pareil... on
mourut des deux parts dans des mas-
sacres incalculables. Un ruisseau qui
coulait là fut changé en fleuve de sang.
Théodoric, roi des Wisigoths, fut tué ;
aussi loin que la vue pouvait s'étendre,
les champs étaient couverts de morts. Il
avait péri, des deux parts, cent soixante-
cinq mille hommes, sans compter les
Francs et les Gépides de la veille. »

La suite est difficile à expliquer. Sera-ce
l'éternel « Annibal sait vaincre, mais

ne sait pas profiter de la victoire » se ré-
pétant à travers les siècles et jusqu'à nos
jours? Aétius craignit-il une élévation
dangereuse des Wisigoths dont la valeur avait décidé en grande partie de la
victoire? Est-ce seulement l'épuisement
de la gigantesque boucherie? Déjà Attila
faisait élever un bûcher des selles et des
harnais de ses chevaux pour que l'ennemi ne le prît pas vivant. Mais il put
se convaincre qu'il n'avait plus d'ennemis devant lui ; il ne restait que des
morts. Épouvanté de la justesse des
évocations et du sort, le sorcier battit en
retraite avec ses masses d'hommes, em-
menant avec lui, comme un palladium,
notre saint Loup, l'ami de Geneviève et
de Germain d'Auxerre. Loup venait de
sauver Troyes par son intervention,

mais Attila, dans une crainte supersti-
tieuse, où le ciel et l'enfer se mêlaient,
ne le relâcha qu'à la frontière des Gaules.

L'année suivante, ce fut le tour du
pape saint Léon le Grand de sauver
Rome du pillage des Huns. C'étaient
les dernières convulsions d'Attila. Il
fut tué par une de ses femmes (453);
ses guerriers, « dans des hurlements de
douleur, se creusèrent les joues avec
leurs poignards, pour pleurer leur chef
avec du sang d'hommes et non avec des
larmes de femmes ». Le lieu de sa tombe
fut gardé secret; on égorgea ceux qui
l'avaient creusée la nuit.

Ce fut là, dans cette dernière victoire
du monde contre la barbarie assemblée,
le dernier grand geste de Rome. Et
n'est-ce point un symbole que le bar-

bare entre les barbares trouvât contre lui seulement avec Rome, l'ennemie héréditaire, des évêques désarmés et une jeune fille consacrée au Seigneur?

Les forces spirituelles triomphaient.

III

Les évêques, si nous les regardions
encore un instant? Ils sont si grands, à
l'heure où nous sommes et pour parler
comme Ozanam ou même comme Berthelot, vraiment la première force du
monde. Geneviève, au cours de sa longue
vie de quatre-vingt-neuf ans, consacrée
par eux, conseillée, guidée, défendue par
eux, obéissant à leur parole et suivant
leurs exemples, marcha toujours dans
leur sillage. Sidoine Apollinaire nous les
fait connaître pour la plupart, en
quelques traits qui les fixent sous nos
yeux : évêques, moines, sortis de Lérins,

tels, avec saint Loup, Eucher de Lyon,
Faustus de Riez, plus tard Césaire
d'Arles, pour ne parler que des plus
célèbres ; évêques grands seigneurs, en
rangs pressés « les préfectures, les patri-
ciats, les triomphes se comptent chez eux
par le nombre de leurs aïeux » ; évêques
bâtisseurs d'église ; évêques grands au-
môniers, tel ce Patiens de Lyon, nour-
rissant sa province dans une famine ;
évêques lettrés, éloquents, « heureux,
ceux-là, qui se survivront dans les
lettres... ». Mais presque tous ceux à qui
il écrit sont comptés dans la suite au
nombre des saints. Il y a là une floraison
magnifique. Sidoine lui-même ne le de-
vint-il pas? Je me hâte. Je voudrais
cependant bien préciser ma pensée. Des
saints, il y en eut toujours sur les chaires

épiscopales ; des grands seigneurs, il y
en eut bien souvent. Mais les grands
seigneurs de la veille devenant univer-
sellement les saints du lendemain, rece-
vant l'épiscopat comme un fardeau, et
ne se souvenant de leur passé que pour
mieux défendre ceux qu'ils servent ; et
non pas un ou deux, mais l'ensemble,
mais tous, c'est cela qui, en ce cinquième
siècle, est spécial et émouvant. Ils sont
grands parce qu'ils sont saints. Leur
naissance, leur atavisme, leurs relations,
leurs richesses les mettent de plain-
pied avec ceux qu'ils ont à combattre
ou à convaincre. Mais ce n'est pas en
eux le sénateur ou le préfet de l'empire
qui arrête Alaric, Genséric ou Attila ;
ou c'est encore le préfet de l'empire,
mais transformé par le jeûne et la prière,

humble et fort, au point de ne rien dé-
sirer pour soi et de ne rien craindre.
Cette force spirituelle, les Barbares les
plus grossiers la redoutaient et la sentaient. Et l'on sait la fière réponse d'un
évêque à un chef barbare qui s'en éton-
nait : « C'est que tu n'avais pas, jusqu'ici, rencontré un évêque. » Je renvoie
à la lettre de saint Loup, qui accueille
Sidoine Apollinaire au seuil de l'épiscopat
et lui en trace les devoirs, merveilleuse
lettre austère et forte, qui montre ce que
Dieu attend de ses évêques, et ce que
le cinquième siècle en recevait. Je résume et je cours. Mais que c'est grand !

« Des affinités glorieuses t'ont fait toucher à l'éclat impérial ; tu as revêtu la
trabée ; tu as passé par les plus hautes
préfectures ; la face des choses change

et tu reçois dans la maison du Seigneur
une dignité qui ne veut ni le faste, ni la
splendeur... Tu seras d'autant plus haut
que l'humilité du Christ te ceindra davantage. Tu baiseras les pieds de ces
hommes sur lesquels tu aurais dédaigné de
poser les tiens... Ton grand œuvre, à présent, c'est de te faire le serviteur de tous. »

Il le fit et ne se retrouva clarissime
que pour défendre, aidé de son beau-
frère, la ville de Clermont ; Loup lui-
même l'avait fait, et Germain, Aignan,
Ferreolus, allié d'Aétius contre Attila,
Eustochius, Perpetuus, Mamert, qui ins-
titua les rogations pour mieux fléchir le
ciel, Principius, Avitus, Apollinaire, cent
autres le firent. Et c'est ce qui rend cet
épiscopat de grands hommes et de
saints si redoutable aux Barbares.

CHAPITRE IX

I

Quand Paris se rendit bien compte
que le danger était écarté, qu'Attila
rebroussait chemin, vaincu et impuissant, que les barques qui avaient couvert le Rhin, pour le passage des hordes
barbares, rejetaient sur l'autre rive l'ennemi décimé, en déroute, ce fut un long
soupir de soulagement et de joie, une
acclamation universelle vers Geneviève,
qui avait tout prévu, qui avait sauvé
Paris par ses prières. Soyons juste envers ce Paris impressionnable et mobile. Lorsqu'une fois une force spiri-

tuelle est bien avérée, bien authentique,
que ce soit saint Louis, saint Vincent
de Paul ou notre Geneviève, Paris lui
demeure passionnément fidèle. Celle
que l'on voulait noyer hier, était aujourd'hui et fut désormais pendant les
soixante ans qui lui restaient à vivre
et sans une éclipse d'un jour, le palladium et la reine de la Cité. Ses cheveux blonds blanchirent ; la candeur de
la jeunesse fit place sur le pur visage
à la sérénité de l'âge mûr, puis à la lumière qui éclaire le front des saints d'un
éclat plus vif à mesure qu'ils approchent
de la lumière éternelle ; mais les yeux
qui avaient beaucoup pleuré ne rencon-
trèrent plus en s'abaissant sur les
hommes que la confiance, l'imploration
ou l'amour. Avant de devenir la mère,

puis l'aïeule de tous, cette jeune fille de
vingt-huit ans est déjà le guide et le recours de tous. La belle histoire ! Et
comme l'on comprend que, pour vivre
désormais en une ambiance aussi douce
sans s'y amollir, cette âme ait été forgée
au feu de toutes les angoisses ! Geneviève
ne se laissa pas éblouir ; elle ne se replia
pas sur elle-même. Sa vie intérieure était
trop forte, trop livrée à Dieu pour cela, et
les exemples sur lesquels elle se modelait
trop impérieux. Elle savait, par ses Pères
dans la foi, qu'il ne fallait s'aider de
l'amour du peuple que pour le bien de ce
peuple ; et, à cette lumière, le mot
d'ordre « servir » prenait toute son ampleur. Germain, qui l'avait défendue et
protégée jusqu'au delà du tombeau, lui
avait légué cet héritage. Je pense que

jusqu'à sa quatre-vingt-neuvième année, elle vécut à l'ombre de ce père de son âme qui l'avait consacrée au Seigneur dans la candeur de ses six ans ; qui l'avait délivrée une première fois par son autorité et son prestige « des paroles acérées et des langues trompeuses » ; qui, enfin, du ciel où il était assis, l'avait sauvée de la mort la plus tragique en envoyant Sédulius, comme un messager de l'au-delà.

Car ce grand homme était mort en 448, magnifiquement comme il avait vécu, non seulement pour son peuple, mais pour tout le peuple ; cette fois, au retour de son second voyage en Grande-Bretagne, c'est l'Armorique qui l'avait appelé à l'aide. L'Armorique cherchait à secouer le joug de Rome, et Valentinien III, pour la réduire, déchaînait contre elle les Alains, presque aussi sauvages que les Huns. Contre ce fléau, on n'entrevoyait qu'un recours, dans le grand évêque Germain que déjà l'on ne nommait plus partout que « le bienheureux » et « le saint ». Tous ces détails nous sont connus, grâce au prêtre contemporain Constantius, « dont la piété, la science et l'éloquence ont reçu de justes éloges, » nous dit Tillemont. Les lettres de Sidoine Apollinaire en font foi aussi. Ce fut à la demande de Patiens, évêque de Lyon, et de Censurius son frère, un des proches successeurs de Germain sur le siège d'Auxerre, que Constantius écrivit la vie de saint Germain, donnée par les Bollandistes. Encore une belle page de nos vieux gestes. Nous en citons quelques fragments. Notre Geneviève appartient, plus que personne, à la famille spirituelle du pontife, et en narrant l'héroïsme de l'un, nous inscrivons les premiers titres de noblesse de l'autre.

« ... Le Barbare, avide de pillage, allait donc pour soumettre des contrées qu'il convoitait déjà.

« A cette nation belliqueuse, à ce prince idolâtre, on oppose un vieillard qui, seul, mais appuyé sur le Christ, est plus fort qu'eux.

« Germain se met aussitôt en route, car les Alains approchaient. Leurs cavaliers bardés de fer couvraient les routes. Notre évêque arrive jusqu'au roi qui suivait son armée. Il se présente à ce prince qui précipitait sa marche, et s'oppose à lui, au milieu de ses guerriers innombrables. Par un interprète, il lui adresse d'abord d'humbles supplications, puis des reproches véhéments, et tout demeurant inutile, il saisit les rênes du cheval du roi et arrête là toute l'armée.

« Alors, le farouche Echoar, dominé par la force de Dieu, sent sa colère se changer en admiration. Il s'étonne du courage de cet homme désarmé; et cet homme le domine... » — Ah! vraiment, pesons les mots, c'est la chanson de geste de nos forces spirituelles. — « Cette armée en marche s'arrête; ; on discute les meilleurs moyens d'exécuter non pas les volontés du roi, mais celles de l'évêque. Echoar ramène ses troupes dans leurs cantonnements et promet la paix à l'Armorique, à la condition que l'empereur y consente. »

Germain, infatigable, part pour Ravenne, afin d'obtenir ce consentement. Valentinien III et sa mère Placidie le reçoivent avec de grands honneurs. Mais les négociations traînent, et le grand évêque meurt dans cet exil, à la nouvelle d'un soulèvement de l'Armorique qui appelle des représailles (448).

Oui, vraiment, Geneviève avait de grands chefs.

II

Une des difficultés que nous rencontrons, en écrivant la vie de sainte Geneviève, est l'absence de dates précises.
On raconte bien tout ce qu'elle fit, mais
on ne dit pas à quel moment elle le fit.
Il faut y suppléer en nous aidant de
l'histoire de son temps, quand elle y
est mêlée, et de la connaissance plus
étroite que nous prenons de son caractère, à mesure que nous avançons.
Ainsi en est-il pour l'église qu'elle fit
bâtir en l'honneur de saint Denys.
Humble comme elle l'était, elle voulait
rapporter au premier grand patron la

délivrance de Paris ; et intelligente et
pleine du sens des réalités, telle qu'elle
nous apparut toujours, elle profita sans
doute de la reconnaissance et de l'allégresse de ses compatriotes échappant au
danger, pour obtenir d'eux ce magnifique *ex-voto* au premier apôtre de la
cité.

Cette passion d'élever ou d'embellir
des églises, elle la tenait de ses grandes
devancières les vierges de Rome. Dans
les temps les plus reculés, Praxède et
Pudentienne avaient offert à l'apôtre
Pierre la demeure de leur père, le sénateur Pudens, pour y célébrer les saints
mystères ; la sainte martyre Cécile, mourant de l'épée du bourreau, « demanda
trois jours au Seigneur pour avoir le
temps de convertir son palais en église »

entre les mains du pape saint Urbain ;
deux siècles plus tard, au mont Aventin,
saint Jérôme s'élèvera contre le luxe
des objets sacrés, couverts d'or et de
perles ; mais il louera les vierges et les
matrones qui se servent de leurs richesses pour élever des temples au Seigneur. Geneviève n'avait pas de richesses, mais elle avait dans les mains le
cœur de son cher peuple de Paris : cela
valait tous les héritages.

Les détails que nous rapportent le
clerc sont très instructifs. Nous voyons
d'abord notre sainte s'adressant aux
prêtres, et sans doute et avant tout à
l'évêque pour faire agréer son projet ;
mais elle veut appeler le peuple de Paris
tout entier, petits et grands, à concourir
à la grande œuvre ; chacun donnera,

beaucoup s'il est riche, peu s'il est pauvre, et s'il en est — et il en est — de si misérables qu'ils ne puissent même pas disposer d'une obole, ceux-là donneront leur aide en nature et en prières. Et les détails naïfs et charmants se pressent : « Que ferons-nous, disent les clercs. Il faudrait de la chaux pour bâtir cette église. Et nous n'avons point de chaux?... »

Était-ce un prétexte? Ou un de ces obstacles que les volontés faibles apportent toujours en présence de l'effort, cherchant à secouer l'emprise des volontés fortes? La grande voyante, loin de s'émouvoir, leur répondit en souriant *« clara vultu »*— : le joli mot qui domine la plus vieille vie, comme pour lui garder son caractère bien national !

— Mes pères, allez donc de l'autre côté du pont ; et ce que vous entendrez, vous me le rapporterez.

Ils traversèrent le pont qui menait vers le nord, tant il semblait naturel de faire ce que demandait Geneviève. Là, entre les forêts et les marécages, au bord de la Seine, s'étageait le bourg de Cathevil, où saint Denys reposait à l'ombre d'un petit oratoire. Les clercs n'arrivèrent pas jusqu'à Cathevil. A l'orée du pont, ils s'arrêtèrent, cloués sur place par les propos que deux porchers échangeaient entre eux : « Un de mes porcs était perdu, disait l'un : je viens de le retrouver près d'un four à chaux. — Tiens, disait l'autre, le vent a déraciné un arbre près de moi ; et j'ai vu aussi un four à chaux dont sans doute l'arbre masquait l'entrée. Tout y est bien conservé... »

Les prêtres se firent désigner l'emplacement de ces fours, vestiges, sans doute, des travaux romains, et revinrent en tremblant raconter l'histoire à Geneviève. Elle s'y attendait, puisqu'elle les avait envoyés pour cela. Et cependant, son émotion fut si forte, qu'une fois encore elle passa la nuit dans la prière et dans les larmes. Quel maître elle servait ! Au matin, elle alla trouver un membre influent du clergé, Génésius, dont on n'indique pas autrement la qualité ; elle lui raconta l'histoire et le pressa de commencer les travaux. Elle-même appela à l'aide son peuple, son cher peuple de Paris. Maçons, charpentiers, apprentis de bonne volonté, tous

se mirent à l'œuvre. Les fondations sor-
taient de terre ; la pierre abondait ; les
forêts du nord de Paris fournissaient
sur place tout le bois nécessaire. Geneviève, en plein chantier, surveillait, en-
courageait ; elle aidait au besoin. Mais
voilà, le travail était rude, et il fallait
boire pour avoir du cœur à l'ouvrage ;
et un jour la boisson des ouvriers, bière,
cidre ou cervoise, manqua et manqua
de telle sorte que l'on ne savait plus
comment s'en procurer... Que faire?...
Aller à Geneviève ! On lui porta les
cruches vides. Et elle, charmante et
douce aux petits toujours, ne se plaignit
pas que les cruches eussent été vidées
trop vite. On a soif dans ces durs travaux !... Elle éloigna les assistants sous
divers prétextes ; une fois seule, elle se

tourna vers Celui à qui elle empruntait
tous ses gestes de pitié ; elle dut rappeler
à ce Christ bien-aimé le « *misereor super
turbam* » d'une compassion infinie qu'il
avait laissé tomber sur les foules de
Galilée. Elle fit alors un signe de croix.
Lorsqu'on revint, les cruches étaient de
nouveau pleines ; elles ne désemplirent
pas jusqu'à la fin des travaux. Étonnons-
nous, après cela, que la belle basilique
s'élevât, s'achevât et que le premier
évêque et martyr des Gaules eût enfin
une église digne de lui ! On voudrait des
détails. On voudrait savoir quelque
chose de sa beauté. Ces églises du cinquième siècle, nous le voyons par les
descriptions de Sidoine ou de Grégoire
de Tours, étaient déjà parfois admirables : rien n'y manquait : colonnes

de marbre, « lambris dorés, » portiques « enduits d'un vert de printemps », mosaïques, vitraux, peintures...

De Saint-Denys, nous ne savons rien ; il ne reste rien qu'une chose exquise et immortelle, le sourire d'une sainte et son geste de pitié.

CHAPITRE X

I

Saint Denys, on le pense bien, ne fut
point le seul saint que Geneviève ho-
norât ; et Gallo-Romaine comme elle
l'est, nous serions surpris de ne pas la
trouver avec toute la Gaule, au tombeau de saint Martin. Elle y alla plusieurs fois, et si l'on n'indique pas qu'elle
assistât à la dédicace de la basilique que
saint Perpetuus, sixième évêque de
Tours, éleva à son illustre prédéces-
seur (4 juillet 470?), nous sommes sûrs
du moins qu'elle pria dans cette église
et peut-être s'en inspira pour la cons-

truction de Saint-Denys ; elle ne laissait rien au hasard et n'était pas femme à négliger un exemple et un modèle : et quel modèle ! « Soixante pieds de long, quarante-cinq de haut, trente-deux fenêtres dans le chœur, vingt-neuf dans la nef », décrit complaisamment Grégoire de Tours. Pour achever d'orner cette église, Sidoine Apollinaire avait été chargé par son ami Perpetuus de composer une inscription d'ailleurs assez médiocre. Peut-être est-ce parce que Geneviève en jugea ainsi qu'on ne mentionne point d'« épigramme » de Sidoine gravée sur les murs de Saint-Denys.

Le détail de l'un des pèlerinages de notre sainte à Tours nous est conservé.

Premier arrêt à Orléans, à la tombe

du vaillant Aignan, mort l'année même
où il avait sauvé sa ville d'Attila (453),
et déjà canonisé par la voix de tout le
peuple. Veillant toujours sur les siens,
l'évêque envoya vers Geneviève un malheureux poursuivi par un maître impi-
toyable, « par une bête féroce », aurait
dit saint Aignan. Tout semblait permis
contre les esclaves ; on n'avait que le
choix des tortures à infliger. Geneviève
essaya sans succès d'obtenir la grâce du
misérable. Elle échoua. « Prends garde,
dit-elle enfin. Si tu ne m'écoutes pas,
Dieu m'écoute. » La nuit même, ce
maître mauvais fut pris d'une fièvre et
de tourments, qui ne lui laissèrent aucune trêve. Au matin, on courut chez
Geneviève ; l'homme promettait tout ce
qu'on voudrait ; il délivrerait l'esclave.

Il le délivra... Il guérit. Elle continua sa route vers Tours.

Ici, ne nous étonnons pas de la suite et de la qualité des prodiges. Nous les réunissons en quelques pages. Plusieurs des miraculés de Geneviève vivaient encore quand le clerc écrivait, dix-huit ans après la mort de la sainte. Il nous est doux de suivre Geneviève par ces beaux chemins éblouissants que le Seigneur traçait comme la voie des missions divines : « Guérissez les malades, ressuscitez les morts, purifiez les lépreux, chassez les démons... » Les démons ! Ils ne pouvaient tenir devant le pur regard. Les possédés venaient vers elle de partout, mais il semble surtout de ce pays de Tours, où reposait leur ennemi-né. La lutte contre le paganisme avait mis

Martin en contact direct et constant
« avec la puissance des ténèbres », comme
parle le Seigneur. Il combattait cette
puissance du mal ; il lui arrachait les
âmes ; il brisait les idoles ; mais beaucoup restait à faire dans cette terre boule-
versée. A peine Geneviève descendit-elle
de sa barque qu'elle trouva des possédés
l'attendant sur le rivage ; elle les guérit
d'un signe de croix ; on la pria pour
d'autres, enfermés dans leurs demeures ;
elle les délivra de la même manière. Enfin, tandis qu'elle priait la nuit dans la
basilique, confondue dans les rangs du
peuple, des cris et des imprécations dia-
boliques mêlent les deux noms de l'illustre évêque et de l'humble femme,
« Geneviève et Martin » ! « Martin et
Geneviève ! ». Elle ne s'émut pas. Elle

pria davantage encore, et elle guérit le démoniaque. Simplement, comme elle faisait tout, elle se mouvait dans cette atmosphère de miracles, priant plus longtemps quand le cas était plus grave, priant avec larmes quand les mères lui portaient leurs enfants : ainsi ce petit Mérovée, un petit Franc, sans doute, sourd, aveugle et muet, qu'elle renvoya délivré ; ainsi, à Laon, cette petite fille paralysée, qui se mit à marcher auprès d'elle. Ainsi, enfin, ce petit mort de quatre ans, retiré d'un puits, où il demeura plusieurs heures. La mère, qui vivait auprès de Geneviève, le jeta sur le sol de la cellule de la sainte comme autrefois la Sunamite jeta l'enfant mort devant le Prophète. Et l'on sent le désespoir de la mère, et l'instance ardente de

la sainte priant auprès du petit catéchumène — car il était encore païen —
et le couvrant de son manteau pour dé-
rober, comme elle le pouvait, le miracle
à ce peuple de Paris, qui attendait,
anxieux...

Ne nous demandons plus comment
Geneviève menait à son gré tout ce
peuple dont elle guérissait les malades
et dont, parfois, elle ressuscitait les
morts.

Redisons-le, le grand miracle, c'est
qu'elle demeurât toujours aussi simple,
aussi humble, aussi « elle-même » au
milieu du miracle. Nous venons de cons-
tater la résurrection d'un mort. Est-ce
qu'il ne nous plaît pas maintenant, sans
transition, de regarder cette fille de
France, présidant à des moissons dans
un domaine que lui avait légué sa marraine? Le temps menace, les moissonneurs sont inquiets ; elle presse la besogne, et, souriante, y met la main.
Mais elle prie aussi ; et l'orage qui éclate
tout autour de ses champs laisse le

ciel serein au-dessus de son gerbier.

Parmi celles qui étaient les témoins de cette vie si haute et si simple, plusieurs eurent la pensée d'imiter sainte Geneviève et de se joindre à elle. Ainsi, dans cette même ville de Meaux, dans les champs du miracle, une fille noble, nommée Célinie, vint confier à la sainte son désir de se consacrer à Dieu. Elle était fiancée : et la colère des fiancés du temps semblait redoutable. Geneviève ne s'embarrassait pas pour si peu. Elle avait le sens des valeurs : elle savait que la colère de l'homme ne peut rien contre l'appel d'un plus grand amour. Elle invita Célinie à persévérer. Mais voilà que, prévenu par quelque rapport, le terrible fiancé arrive quand justement Geneviève et Célinie étaient ensemble :

les deux femmes s'enfuient vers l'église :
et l'homme regardait avec stupeur les
portes du baptistère de l'église s'ouvrir
d'elles-mêmes et se refermer sur les fugitives. On ne parle plus de lui. Et d'autant plus que le *Defensor civitatis* de
Meaux venait d'être guéri de sa surdité
par Geneviève. Il dut conseiller au pré-
tendant éconduit de se tenir tranquille.
Célinie, dont Geneviève guérit la servante, devint une sainte à l'ombre de sa
sainte amie.

Une autre jeune fille de Meaux, Aude,
se joignit à elles, dans une vocation
d'allure plus calme, et alla prier à Paris
avec elles. On la retrouve aussi dans le
catalogue des saintes du temps. L'une
et l'autre, à l'exemple de Geneviève, me-
nèrent la vie de mortification, de prière

liturgique et d'apostolat que nous savons, et chacune sans doute dans sa petite demeure, car Geneviève garda jusqu'à la fin la cellule de ses premières prières et de ses premières larmes. Nous voyons qu'elle en sortait pour toutes les causes charitables ou seulement raisonnables. Mais même de là, de son humble seuil, calme et sereine, elle surveillait son Paris, telle, sans doute, que Puvis de Chavannes nous la montre exquisement, attentive au remous de cette foule généreuse et ardente, dont elle connaissait tous les bruits. De là, elle vit passer Childéric, l'ami et l'allié de Rome. Ce fut sans doute sa première vision du Franc : elle en avait rencontré sûrement dans les rues ou ailleurs, ne serait-ce qu'après la défaite d'Attila ;

mais elle n'avait pas vu encore dans sa
pompe ce Childéric, rejeté d'abord pour
sa mauvaise conduite et remplacé par
Ægidius, maître de la milice, puis rap-
pelé et combattant loyalement sous les
aigles avec ce même Ægidius contre les
Wisigoths, avec le comte Paul contre les
Saxons. Cela explique les rapports qui
s'établirent naturellement entre le roi
Franc et notre grande Gallo-Romaine :
il était l'allié de Rome. Car, ne l'ou-
blions pas, et, comme le fait remarquer
Lavisse, que nous suivons ici, « occupée
de toutes parts, de la Loire à la mer, au
nord, le long du Rhône ou en Armorique,
par les Barbares, la Gaule se considère
toujours comme province romaine. »

Childéric, que nous aurions tort de
nous représenter comme un Barbare, ne

serait-ce que pour la jolie légende de
Basine, ou pour les bijoux artistiques et
romains et le manteau de pourpre et les
abeilles d'or qui le couvraient dans sa
tombe de Tournai, où il voulut, d'ailleurs, que son cheval fût enterré près
de lui, Childéric eut bientôt fait de me-
surer l'influence de Geneviève. Il y cé-
dait le plus souvent, lorsqu'elle lui
demandait, selon sa coutume, des actes
de charité ou de miséricorde ; mais enfin,
il voulait rester le maître, et sachant
qu'elle ne doutait de rien, il s'assurait
qu'elle n'était pas là quand il voulait
faire une chose qu'elle tâcherait d'em-
pêcher. Ainsi, un jour, résolu de mettre
à mort des prisonniers de guerre, à la
mode barbare du temps, il profita d'une
sortie de Geneviève hors de la cité, —

elle était en pèlerinage à Saint-Denys,
peut-être, — pour faire fermer toutes
les portes. Mue par une impulsion intérieure, Geneviève revint plus tôt qu'on
ne le pensait. Elle   trouva les lourdes
portes verrouillées... Que faire? Le danger était imminent. Un regard vers le
Seigneur et la main vaillante qui avait
déjà essuyé tant de larmes et versé tant
de joie, la main de la Gallo-Romaine se
posa sur la porte fermée par ordre du
roi Franc. La porte massive céda sous la
petite main, tourna sur ses gonds et
s'ouvrit : ainsi du cœur qui avait voulu
se fermer à ses prières... ainsi de la soif
de vengeance de Childéric. Les prisonniers délivrés suivirent leur protectrice,
échappant, par elle, à la plus cruelle
des morts... Et l'histoire ne le dit pas,

mais je suis sûre que, comme à Catheuil, la cruche vide de la chère sainte dut se remplir pour eux de bière, de cidre ou de cervoise.

CHAPITRE XI

I

Sidoine Apollinaire a un portrait
charmant d'un jeune chef franc, vers 470
Le voici (1) :

« Sidonius à son cher Domnitius, sa-
lut ! Toi qui aimes tant à voir des
armes, des troupes et des guerriers, quel
plaisir tu aurais goûté, si tu avais vu
Sigismer, jeune prince du sang royal,
paré à la manière de sa nation, comme
un nouvel époux ou comme un homme

(1) Liv. IV, lettre XX. La francisque et les armes
de guerre ne laissent pas d'hésitation sur la natio-
nalité du jeune chef.

197

qui va faire la demande d'une femme,
se rendre au prétoire de son beau-père !
Il était précédé et suivi de plusieurs chevaux superbement harnachés et tout
couverts de pierreries étincelantes ; mais
ce qui, dans cette pompe, méritait le
plus de fixer l'attention, c'était le jeune
prince, marchant lui-même à pied, au
milieu de ceux qui le devançaient ou
qui le suivaient ; il était revêtu d'écarlate, éblouissant d'or, couvert de soie
d'une éclatante blancheur ; le contour
de sa chevelure, le vermeil de ses joues,
le teint de sa peau, tout répondait à sa
riche parure. L'aspect des petits rois
et des officiers qui l'accompagnaient ins-
pirait la terreur au sein même de la
paix ; leurs pieds étaient entièrement
enfermés dans des bottines, attachées

au-dessus du talon, et revêtues d'un poil
rude ; leurs genoux, leurs jambes et
leurs mollets étaient découverts. Ces
guerriers avaient, en outre, des habits
très hauts, serrés et de diverses couleurs,
qui descendaient à peine à leurs jarrets
saillants ; les manches de leurs habits
ne couvraient que le haut du bras ;
leurs sayes de couleur verte étaient bor-
dées d'écarlate, et leurs épées suspendues à leurs épaules par des baudriers
qui leur serraient les côtés ; ils portaient
des robes fourrées, retenues par une
agrafe. Ce qui servait à leur parure servait aussi à leur défense ; leur main
droite était armée de piques à crochet
et de haches qui se lancent ; leur bras
gauche était ombragé par des boucliers
dont les bords étaient d'argent et la

bosse dorée ; la lumière en faisait res-
sortir la richesse et le travail ; enfin,
tout se trouvait disposé de telle sorte
que, dans une cérémonie nuptiale, on
étalait une pompe non moins digne de
Mars que de Vénus. Mais à quoi bon de
plus grands détails? A un tel spectacle,
il n'a manqué que ta présence. En
voyant que tu étais privé de voir ce qui
te charme si fort, j'ai ressenti alors la
peine que te causera le regret de n'avoir
pas été là. Adieu. » (Vers l'an 470.)

Nous nous plaisons, quelques années
plus tard, à nous représenter ainsi Clovis.
A vingt ans, il fit demander à Syagrius
un champ de combat (486), car, aban-
donnant la politique de son père Childéric, décidé à conquérir, à l'exemple
des Goths et des Burgondes, il va

s'étendre sur les beaux pays que l'empire,
pratiquement, abandonne, et d'abord
chasser le fantôme de représentant de
Rome qui y demeure. Ce Syagrius,
que Sidoine nous représente « si sym-
pathique que les Barbares apprennent
de lui à porter un nom romain », et si
versé en leur langue — cette langue que
l'empereur Julien compare à un croas-
sement de corbeau, — « que le Barbare,
en sa présence, craint de faire un bar-
barisme », devait être moins versé dans
l'art de la guerre ; battu par Clovis (486),
il s'enfuit assez pauvrement chez Alaric II, et il est livré encore plus lâche-
ment par celui-ci à Clovis, qui le tue.
Toute l'histoire du Franc sera semée de
ces meurtres, de cette façon sommaire
de se débarrasser des obstacles. Mais en

retrouvant toujours, même après la conversion, le Barbare-né dans ses ruses
grossières et dans sa cruauté sans scru-
pule, il faut reconnaître en Clovis une
intelligence remarquable, le goût du
grand, un sens politique de premier
ordre (1). Clovis voit et réfléchit. Avec
Rome, qu'il combat d'abord, mais à laquelle il reviendra pour lui faire légi-
timer ses conquêtes, il n'a devant lui
qu'une force spirituelle, l'Église.. Même
païen, il le sent et il ménage cette force :
l'épisode du vase de Soissons en fait
foi. Il désire s'en faire une alliée.

De son côté, l'Église pressent les
grandes destinées du jeune chef ; et ses

(1) Nous avons suivi, pour tout ce qui suit,
G. Kurth, « Clovis », Bainville, Goyau. De très bonnes
pages de Berthelot dans l'*Histoire de France* Lavisse
et Rambaud, Ozanam, Guizot, etc.

représentants les plus hauts, Remi de Reims, Avitus de Vienne, tous deux de race sénatoriale et grands hommes d'État, songent de quel secours leur serait le chef franc, si la foi chrétienne pouvait le conquérir. Il faut étudier le récit des persécutions que les Wisigoths ariens faisaient subir à leurs sujets, impuissants à recourir à l'empire romain qui s'écroulait, pour sentir l'appel instinctif des persécutés à une force juste : églises dévastées, livrées au bétail, exil des plus grands évêques et, parmi eux, de notre Sidoine Apollinaire, sièges sans pasteurs, etc. Le royaume de l'Église n'est pas de ce monde. Mais elle doit, dès ce monde, veiller à la sécurité de ceux qui se sont donnés à elle. Saint Remi n'y manquait pas. Généreux saint, lettré,

« d'une ineffable éloquence », il écrivit
à Clovis, dès son avènement, une lettre
d'avis que nous allons encore donner
ici, ne serait-ce que pour apprendre
comment, il y a quatorze cents ans, un
évêque parlait à un roi encore païen ; de
l'amitié de cet évêque et de ce roi au
baptistère de Reims devait sortir la
France. Et voici le prélude de cette
amitié :

Dominico insigni et meritis magnifico Chlodovco regi,
Remigius Episcopus.

« ...Une grande rumeur est venue jusqu'à nous, on dit que tu viens de prendre
en main l'administration de la deuxième
Belgique. Il n'est pas surprenant que tu
commences à être ce qu'ont toujours été
tes parents... Veille tout d'abord à ce
que le jugement du Seigneur ne t'aban-

donne pas, et à ce que tu te maintiennes à la place éminente où il t'a élevé... Entoure-toi de conseillers qui puissent te faire honneur. Pratique le bien ; sois chaste et honnête. Montre-toi plein de déférence pour tes évêques, et recours toujours à leurs avis. Si tu t'entends avec eux, ton pays s'en trouvera bien. Encourage ton peuple, relève les affligés, protège les veuves, nourris les orphelins, fais que tout le monde t'aime et te craigne. Que la voix de la justice se fasse entendre par ta bouche. Ne demande rien aux pauvres et aux étrangers et ne te laisse pas offrir de présents par eux. Que ton tribunal soit accessible à tous, que nul ne le quitte avec la tristesse de n'avoir pas été entendu. Avec ce que ton père t'a légué de richesses, rachète des

captifs et délivre-les du joug de la servitude. Si quelqu'un est admis en ta
présence, qu'il ne s'y sente pas un étranger. Amuse-toi avec les jeunes gens, mais
délibère avec les vieillards, et si tu veux
régner, montre-toi digne de le faire. »

Comme nous l'avons dit, ce Barbare
cultivé ayant reçu une éducation latine,
savait, tout en combattant Syagrius,
quelle était la puissance prestigieuse du
nom de Rome. Il la subira plus que personne. Il ne s'étonna donc pas, lorsqu'il
voulut poursuivre ses conquêtes, que
Paris, entre bien d'autres villes, lui ré-
sistât. Redisons-le, Childéric résida librement à Paris, parce qu'il était l'allié de
Rome ; Clovis s'en vit fermer les portes
parce qu'il secouait le joug de Rome.
Cinq siècles de loyalisme s'affirmaient

dans cette fidélité au fantôme d'un empire qui, depuis 476, s'était effondré en Occident. Et cette fidélité était soutenue et personnifiée — nous l'attendions — par notre grande Gallo-Romaine.

Ah! cette fois, il n'y eut ni cris, ni émeute; une foule furieuse ne menaça pas Geneviève de la jeter dans la Seine. Bien plus : on n'a gardé, lié à cet épisode de l'histoire, ni le nom d'un chef, ni celui d'un évêque ou d'un soldat. La sainte de la patrie seule a survécu. La vieille femme de soixante-dix ans suffisait à diriger la résistance contre les Francs, comme la jeune fille de vingt-huit ans relevait seule le moral de Paris contre les Huns. Seulement, cette fois, son prestige était incontesté ; elle prenait naturellement la tête de la cité dont elle était le palladium et l'orgueil.

Que dura ce siège? Des mois? Des années? Notre histoire lui donne la durée de celui de Troie. Dix ans? C'est long. Cinq ans? Il est à croire que Clovis fit plutôt des tentatives successives d'investissement. Et c'est seulement après plusieurs essais infructueux que Clovis tenta de réduire Paris par la famine. Le grand chef comptait cette fois sans la grande patriote qui s'opposait à lui. Elle aussi savait voir et réfléchir et ne rien abandonner au hasard : et, selon sa coutume, elle usait de toutes les ressources, et elle mettait en œuvre toutes les forces avant d'implorer un miracle.

C'est ainsi qu'elle requit des nautes une flottille de onze bateaux pour aller chercher le grain nécessaire au ravitaillement de Paris ; et que, renseignement pris, elle se dirigea vers Arcis-sur-Aube et Troyes, et concentra sur ces deux points tout le blé qu'elle put se procurer dans une région plus favorisée. Nous avons par le menu le détail de cette expédition. Presque au début, Geneviève trouva la Seine barrée par des arbres couchés au-dessus du fleuve : un enchevêtrement de branches, de bêtes mortes, rendait le passage impossible : les Francs ou les diables, ou peut-être les deux, s'étaient mis de la partie pour cela. Geneviève donne des ordres précis ; elle prie pendant que ses hommes travaillent, et l'on passe. A peine arrivée à Arcis-sur-Aube, un des notables la supplie de venir voir sa femme paralysée

depuis quatre ans. Elle y va, la guérit
d'un signe de croix, et la miraculée,
séduite par l'ineffable bonté de Geneviève, l'accompagne dans la suite de son
voyage, et ne se sépare d'elle qu'au
retour. Avant de s'embarquer de nouveau, Geneviève donne l'ordre de réunir
à Arcis-sur-Aube tout le blé que l'on
pourra se procurer dans les environs.
Elle continue sans encombre jusqu'à
Troyes. Là, en descendant du navire
pour négocier de nouvelles réquisitions,
elle trouva sur le rivage, comme autrefois Germain lorsqu'il passa à Lyon pour
aller à Ravenne, comme le Seigneur
dans les plaines de Galilée ou aux portes
des villes, les malades, les infirmes, les
boiteux, les aveugles pressés sur deux
rangs. Elle ne s'excuse pas ; elle ne se

dérobe pas ; ses yeux se levèrent vers
le ciel, selon sa coutume, ou peut-être se
remplirent de larmes. Elle guérit d'abord
deux aveugles, — les aveugles semblent
toujours, les premiers, émouvoir son
âme ; — elle guérit les autres ; et les
moissons s'entassent sur la flottille. A la
suite de cette belle floraison de miracles,
on charge de nouveau, à Arcis-sur-Aube,
les sacs de grains qui, par les ordres de
Geneviève, attendent sur la rive. Mais
les grandes choses peuvent-elles s'ac-
complir ainsi sans difficulté, sans encombre? Ne le croyons pas. Les saints
ne seraient pas les saints s'ils n'étaient
prêts à braver, pour leurs frères, tous les
obstacles et tous les périls, et si, avec
l'aide de Dieu, ils ne les surmontaient,
en effet. Les vaisseaux, surchargés, à

fleur d'eau, assaillis par une violente
tempête, menaçaient de couler ; ils pen-
chaient déjà sur le côté, d'une façon
inquiétante, marque l'historien, et tous
poussaient des cris d'effroi devant l'im-
minence du naufrage. Geneviève demeura maîtresse d'elle-même. Elle avait
fait tout ce qu'elle avait pu — à Dieu de
faire le reste. Elle se jeta à genoux,
dans une de ces prières ardentes qui
mettaient dans ses mains la puissance
même de Dieu, et comme redressés par
une main invisible, les bateaux se rele-
vèrent, tandis que l'orage s'apaisait. Les
clercs présents, bouleversés et ravis, en-
tonnèrent en actions de grâces les
psaumes de la délivrance ; tous les poursuivirent avec eux. Et priant, et chantant, l'on atteignit Paris sans qu'un ba-

teau ou qu'un homme manquât à l'appel.

La sagesse, la rectitude, l'ordre de Geneviève se montrèrent dans la distribution de ces richesses, comme tout à l'heure l'intelligence et le discernement dans leur acquisition. Le bon clerc n'exagère pas lorsqu'il énumère douze vertus qui tenaient habituellement compagnie à la sainte. Si, parmi les vertus, nous mettons les dons naturels, cette douzaine nous paraîtra plutôt insuffisante ; et si nous y joignons les qualités de race, l'entrain, la gaieté, cette grâce dans le geste qui attire tous les cœurs, où n'irons-nous pas ? Car, Française et née de notre sol, notre Geneviève l'est comme Jeanne d'Arc ou comme Henri IV, et ce fut, je crois, une grande part de son prestige, le joli rire que l'on entend

fuser entre les mots, entre les actes,
comme pour se faire pardonner d'être
si sainte et si au-dessus des autres.
« Visage riant », « visage céleste », « clarté »,
« joie », le vieux texte se répète, à deux
lignes des larmes et des yeux levés vers
le ciel, et dans le récit sans fin des miracles. Mais que devait être ce visage,
maintenant, lors de la distribution de
vivres au peuple? Grains en nature pour
ceux qui pouvaient se tirer d'affaire ;
farine aux gens plus éloignés des mou-
lins, pains cuits journellement pour
ceux qui réclamaient une ration jour-
nalière, et cela suivant les besoins ou
le nombre des membres de la famille,
avec une sagesse qui décourageait le
murmure. Geneviève faisait cuire une
partie des pains elle-même, aidée d'Aude

ou de Célinie ou de la mère du petit ressuscité ; mais les jeunesses d'il y a trente ans étaient maintenant des vieilles femmes. Un élément nouveau et robuste se mêlait à elles et les aidait en la personne des vierges, des veuves et des bonnes chrétiennes amies, quelle que fût la besogne et suivant les besoins de l'heure. Et parfois, les jeunes filles, plus ignorantes des mœurs de la sainte, ne trouvaient plus le nombre de pains qu'elles avaient pourtant bien comptés dans la fournée de la veille. Il en manquait : il en manquait toujours. Les plus pauvres, les privilégiés de la sainte qui voulait leur enlever jusqu'au souci du lendemain, auraient pu dire pourquoi. Un sourire arrêtait les enquêtes trop précises.

Paris ne fut pas pris.

CHAPITRE XII

I

Paris ne fut pas pris. Il se donna.

« Beaucoup désiraient avoir Clovis pour roi », écrira Grégoire de Tours (1). Et nous allons rapidement étudier pourquoi.

La conversion de Clovis, qui devient le point central de notre histoire, semble amenée par l'union de toutes les forces de la terre et du ciel. Lorsque, à vingt-sept ans, le jeune chef songea à se ma-

(1) J'ai suivi ici spécialement, avec tous les auteurs déjà mentionnés, Grégoire de Tours, Frédégaire et Kurth, « Clovis », « Sainte Clothilde ».

rier, son choix se porta sur une nièce
de Gondebaud, dont on lui avait vanté
la beauté. La politique y trouvait aussi
son compte, en lui assurant un allié
considérable. Et selon toute vraisem-
blance, l'Église prépara ou, du moins,
conseilla le mariage. Clotilde vivait à
Genève avec sa sœur et sa mère, Caté-
rène, que Sidoine compare « à l'Agrippine
qui modère notre Germanicus et le sien. »
Ce Germanicus — Chilpéric — roi des
Burgondes et maître des milices de
Rome, était mort vers 490. Fut-il ca-
tholique ou arien? On ne sait. Mais sa
femme et ses filles, ferventes catho-
liques, avaient rencontré à Lyon, Patiens, l'admirable évêque qui nourrit
Lyon dans une famine, et Avitus, pa-
rent de Sidoine, et l'un des plus grands

hommes des Gaules, qui, s'il ne con-
vertit pas Gondebaud, l'arien, con-
vertit, du moins, son fils Sigismond. Les
Burgondes étaient, du reste, les meilleurs des Barbares. Sidoine leur reproche
d'avoir sept pieds de haut et de faire et
chanter de mauvais vers dès l'aube du
jour, sous ses fenêtres. Après quoi, ils
venaient demander avec bonhomie : « Eh
bien, mon oncle, que pensez-vous de
cela? » Être appelé « mon oncle » par ces
Barbares lorsqu'on est un Gallo-Romain
aussi raffiné, peut sembler dur : mais ces
griefs sont légers à l'histoire, qui recon-
naît en ces géants des hommes de mœurs
douces. Clotilde, sa mère et sa sœur, à
la mort de Chilpéric, avaient quitté la
cour arienne de Gondebaud, pour vivre
à la cour de Godegésil, frère de ce der-

nier, à Genève. Ce fut là que le message
de Clovis vint solliciter la jeune fille.
Évidemment, si même Avitus ne tra-
vailla pas d'abord auprès des messagers
de Clovis, il fut consulté par Clotilde et
sa mère et dut pousser au mariage avec
le païen, à la condition « que la femme
fidèle convertirait le mari infidèle ».
Cela n'alla pas seul. Un an après son
mariage, Clotilde eut un fils et obtint
de le faire baptiser ; elle le présenta à
l'église dans toute la pompe qui pouvait
captiver la naïve admiration du Barbare.
Mais, hélas ! Engomir mourut « encore
dans les aubes », et le païen, furieux
et désolé, répondit aux exhortations
de la reine : « Votre Dieu est impuissant
à le défendre contre la colère de mes
dieux. » Pourtant, mieux que les cierges

et les oriflammes, la résignation de la
jeune mère, sa foi, sa certitude du bonheur de l'enfant impressionnèrent Clovis.
Un second fils naquit. Clovis souffrit encore que Rémi le baptisât; l'enfant,
comme son frère, ne tarda pas à tomber
malade. Fureur du roi. Cette fois, cependant, Dieu se laissa toucher. Clodomir
guérit, et Clotilde recommença à caté-
chiser son époux « sans succès », dit naïve-
ment Grégoire de Tours. Si vraiment
elle l'accablait des discours fastidieux
que lui prête Grégoire, cela s'explique
un peu. Clovis, en simpliste qu'il était,
comparait les mérites des Dieux par
leurs dons. Il déplaisait au Sicambre de
rejeter sa propre filiation divine pour
devenir semblable au reste des hommes,
devant un dieu inconnu. « Et qui sait,

demandait-il à Clotilde, si seulement votre Dieu est de la race des dieux? » Que répondre à un argument de cette sorte?

Sur ces entrefaites, les Allemands envahirent les frontières. Le catéchumène rétif courut au danger suivi de ses braves. Mais ses troupes, tombant sur les lourds bataillons germains, commencèrent à plier. « Le Barbare, qui savait tout, se souvint de Constantin », auquel l'épiscopat des Gaules allait le comparer ; il se souvint de Clotilde et de sa foi et eut le cri célèbre : « Dieu de Clotilde, si tu me donnes la victoire, je croirai en toi. » Alors, dit le vieux chroniqueur, le sort des armes changea. Comme à l'arrivée de quelque allié tout-puissant, les Francs se jetèrent en avant, la fortune se rétablit. Vainqueur de l'Allemand, l'ennemi héréditaire, vainqueur par l'aide de Dieu, et chrétien, que pouvait-on rêver de plus pour Clovis? L'avenir était à lui.

II

Il fut fidèle à sa parole. Sur la route du retour, il amena même avec lui un catéchiste, un autre grand évêque et un saint, saint Vaast. Saint Rémi et Clotilde ne laissèrent pas de dissiper ces dispositions admirables, et tout s'apprêta pour le plus beau des baptêmes. Il y eut bien une hésitation d'un jour. Si ses Anstrusions refusaient de le suivre? Que ferait-il sans ses braves? » Mais, tous, d'une seule voix, répondirent qu'ils le suivraient. Un enfant chez nous sait tout cela ; cependant l'on y revient volontiers, avec Grégoire de Tours, comme à une histoire toujours nouvelle, à l'alliance du Christ qui aime les Francs avec la France.

Ce fut à Reims, le jour de Noël 496, que saint Rémi baptisa Clovis. Toutes les pompes du baptême d'Engomir n'étaient que néant auprès des pompes de ce jour ; voiles brodés tendus d'une maison à l'autre, faisant un arc de triomphe de chaque rue où devait passer le cortège, tapis et toiles peintes, invités de marque, peuple accouru de partout, nombreux évêques, et, parmi eux, ce Mélaine si saint que, même mort, il laissait derrière la barque qui le transportait, un sillage de clarté ; Avitus s'était excusé par une lettre dont il faudrait citer chaque terme plein d'un sens politique lumineux.

Par une de ces idées de génie qui éclairent toute sa route, Clovis voulut partir du palais du gouverneur de la deuxième Belgique, comme pour associer Rome à son triomphe. Il marchait en avant, tenait la main de l'évêque. Ses deux sœurs, Alboflède et Lantilde, la reine Clotilde, les trois mille Francs suivaient. A la porte de Notre-Dame de Reims, devant cette nef tapissée d'oriflammes, éclairée de mille cierges, embaumée par des nuages d'encens : « Évêque, demande le Barbare, est-ce là le ciel? — Non, mon fils, c'est le chemin qui y conduit. »

« L'éclatant et beau Clovis à la longue chevelure demande à descendre le premier dans le baptistère sacré : « Sicambre, courbe la tête ; adore ce que tu

as brûlé ; brûle ce que tu as adoré »,
prononça l'évêque... « Car saint Rémi
était un évêque de grande science, fort
versé dans la rhétorique », remarque
judicieusement Grégoire de Tours. Tous
après le roi reçurent le baptême ; Alboflède, qui était païenne, fut baptisée
aussi ; Lantilde, arienne, abjura.

Ajoutons, après et avec tous nos historiens, que l'on ne peut pas exagérer
l'importance de cet événement. « Le
baptême de Clovis fixe les destinées de
la Gaule. » « Les conséquences extraor-
dinaires de ce baptême sont rigoureuse-
ment certaines. » « La France commence
à ce moment-là. » Ce qu'il y a de plus
étonnant, c'est que les premières forces
de l'heure, le pape et les évêques, à la
première annonce du baptême du Franc,

en ont écrit et prédit les suites incalculables (1).

On raconte qu'au récit de la Passion,
Clovis s'écria : « Que n'étais-je là avec
mes Francs ! » On en sourit comme d'un
mot de Barbare. Mais non. Toute notre
histoire se tient ; et il semble que le
mouvement chevaleresque des croisades
était en germe en ce mot-là. L'instruction
de Clovis était complète, et rien ne manquait à son initiation. Lisez, pour vous
en convaincre, la lettre que Rémi lui
écrivit à peu de temps de là sur la mort
d'Alboflède, sœur préférée du roi.

L'évêque tient à ce converti d'hier,
à ce Barbare à peine dégrossi, un langage
de mystique : « Sa sœur est parmi les

(1) Lavisse.

vierges. Sa sœur est ravie de ce monde par l'amour du Christ ; qu'une sainte allégresse réconforte le monarque ; que ses sujets ne voient pas dans le deuil celui de qui leur vient toutes les choses heureuses. Le trépas de celle qui est unie au chœur des vierges réjouit le monarque des cieux... »

Lorsqu'il rencontra Geneviève, Clovis dut se souvenir de cette lettre-là.

Nous ne suivrons plus, après ce pas décisif, l'histoire de Clovis. Il poursuivit, avec le même bonheur, et sans scrupules sur les moyens, le cours de ses conquêtes à l'est et à l'ouest, au nord et au midi. L'heure vint où il marcha vers le plus puissant de ses adversaires, Alaric ; donnant à son expédition contre l'Arien un air de guerre sainte : « Il me déplaît que cet arien possède une excellente partie des Gaules. Avec l'aide de Dieu, nous le vaincrons. »

Sidoine, captif pour la foi, avait écrit pour Euric, père d'Alaric, un poème qui lui valut sa délivrance. On y voit l'importance de cette cour de Bordeaux, où l'univers entier attend une réponse : « Ici tremble le Saxon aux yeux bleus qui ne craint rien que les vagues de la mer ; ici, le vieux Sicambre laisse croître de nouveau ses cheveux. Ici, l'Hérule aux joues couleur des algues... Ici le Burgonde haut de sept pieds... Ici toi-même, ô Romain, tu demandes à la puissante Garonne de protéger le Tibre affaibli. (1) »

Euric était mort. Sidoine aussi, « haïssant le Barbare, mauvais ou bon », et malgré l'intervention de Théodoric, qui parvint deux fois à éloigner la guerre, Clovis marcha contre Alaric II, le battit

(1) Trad. Augustin-Thierry.

à Vouillé (507), et se trouva ainsi maître de toute la Gaule.

Essayons de juger, avec nos historiens, l'ensemble de ces faits.

S'il y avait eu conquête, il n'y eut pas asservissement. Le noyau franc se mêla à la population gallo-romaine ; sauf les actes individuels de violence, chacun resta ce qu'il était, où il était, les grands domaines romains abandonnés suffisant presque partout aux nouveaux arrivants. Le Dieu des vaincus remplaca les dieux des vainqueurs : et ce fut la France.

Les Francs avaient beau se réclamer de Priam, — et par le fait seul qu'ils s'en réclamaient, — ils sentaient le poids et le prix de ces civilisations heureuses, supérieures à leur barbarie native. Ils les laissèrent intactes. Ils y ajoutèrent leur force, mais ils se rallièrent entièrement à elles. Avitus, dans la lettre célèbre qu'il adressait à Clovis après son baptême, où il l'appelle « la lumière de l'Occident » et « l'arbitre du siècle », lui annonce un jeune Gallo-Romain envoyé par l'empereur Anastase. Les relations commencées dès lors sans doute, entre le roi franc et le lointain empereur, se poursuivirent. Après toutes les conquêtes, Clovis, sentant que quelque chose encore lui manquait, voulut consacrer sa gloire en la mettant à l'ombre de la Rome éternelle. Et ce fut dans la métropole des Gaules, dans la basilique même de Saint-Martin, qu'il prit le titre et qu'il revêtit les insignes de consul que lui envoyait l'empereur

Anastase. Il se para de la chlamyde, sur
la tunique de pourpre, et il ceignit le
diadème. Montant alors à cheval, il jeta
à pleines mains l'or et l'argent au peuple
assemblé, des monnaies frappées à l'ef-
figie d'Auguste, *Victoria Augusto Regi
Viro Illustri Clodoveo*. Désormais, on l'appela consul ou Auguste. Est-ce là un
caprice de Barbare? Et avait-il vraiment, sous ces ornements nouveaux,
comme le veut Lavisse (1), une allure
de paysan endimanché? Non, certes.
Reportons-nous à la lettre de Sidoine ;
ces Francs, fiers et beaux, n'avaient pas
cet air de paysans du Danube. Et loin
d'être un caprice d'enfant qui tend les
mains vers ce qui brille, c'était un acte

(1) *Revue des Deux Mondes*, 15 décembre 1885.

politique d'homme d'État. Une fois
encore, notre premier roi fut un grand
homme. Désormais, demeurant pour les
siens le roi chevelu, il fut, aux yeux des
Gallo-Romains, le délégué de l'empereur
que le loyalisme le plus intransigeant
pouvait et devait accepter.

Le beau jour, pour notre Geneviève !
« Alors, mais alors seulement, il fixa sa
résidence à Paris dans cette vieille cité
romaine que Childéric avait traversée,
mais sans y faire sa demeure, la trouvant encore toute pleine des Césars, et
pour ainsi dire de leurs ombres. Clovis,
au contraire, ne s'effraya pas d'habiter le
palais de Julien, puisqu'il exerce le même
pouvoir, à la fois consul et Auguste (1)... »

(1) OZANAM, liv. II, p. 330.

Et que sa foi le faisait nommer avec raison, par l'épiscopat des Gaules et par le pape lui-même, « la colonne de l'Église », le nouveau Constantin.

CHAPITRE XIII

Je me représente les dernières années de Geneviève comme le crépuscule d'un jour d'été.

Le jour avait été long et traversé de furieux orages. Le labeur avait été dur, et le sillon sur lequel elle s'était penchée heure par heure avait été souvent mouillé de sa sueur et de ses larmes. Maintenant, c'était fini. Assise au seuil de sa demeure, elle voyait descendre le soir. Et dans son âme aussi, son âme recueillie et secrète, tous les bruits se taisaient. Avait-elle eu quelques défauts? Une sensibilité trop vive? Une volonté trop impérieuse? L'amour que notre race avait du succès? Je ne sais. L'histoire ne le dit pas. Mais les ombres, s'il y en eut jamais, s'évanouirent dans la grande lumière du Christ. Tout apaisée, toute sereine, on sent bien maintenant qu'elle n'a plus rien de la terre ; rien, pas même la satisfaction du bon serviteur qui a bien accompli sa tâche. Elle sait et elle sent, comme le dit le meilleur et le plus austère des maîtres, le Christ, à qui elle s'est donnée dès son enfance, qu'ayant fait tout ce qu'elle avait à faire, elle n'est encore et elle ne sera jamais qu'une servante inutile. Mais sa joie, pour ne pas reposer sur elle-même, n'en est que plus profonde, et, tandis que nous la regardons, au seuil tranquille de sa demeure, il nous

semble entendre autour d'elle le bruit
de cet océan sans rivages qui est la joie
même de Dieu. Si elle n'a rien fait, à ses
propres yeux, Lui a tout fait. Et se
retournant vers la longue vie accordée,
elle sent et elle voit que le maître au
service duquel elle est entrée ne l'a pas
trompée. Tout lui est présent, les joies
et les douleurs. Je ne sais si, à ces heures
du crépuscule, elle ne le bénit pas des
douleurs encore plus que des joies. Il
est bon qu'elle ait quitté son Nanterre,
orpheline et le cœur en larmes ; il est
bon que la calomnie et la malveillance
aient assombri sa jeunesse ; il est bon
que d'abord on n'ait pas cru en elle.
Toutes les faims et les soifs humaines
qui sans doute criaient en elle comme
en chacune de nous, ne trouvant où se

rassasier, où se désaltérer sur la terre, se sont tournées vers Dieu dans une prière et un amour plus ardents. Il a répondu. Il répond toujours, ou, pour mieux dire, dans ces hauteurs, c'est toujours Lui qui nous emporte sur ses ailes. Peu à peu, elle a réalisé que sa Consécration à ce Dieu si saint avait été protégée par toutes ces douleurs. Et elle n'a pas su, et elle n'a pas cru, malgré les miracles qu'elle semait sur ses pas, qu'elle devenait une sainte. Mais ne demandant plus rien pour soi, elle a senti que tout en elle s'élargissait, s'ennoblissait, s'apaisait et s'imprégnait, en même temps, d'une immense, d'une divine pitié.

Maintenant, le succès pouvait venir. Il était venu. L'esprit de ténèbres qu'elle avait tant combattu jetait en vain devant elle, comme une dernière et suprême embûche, l'amour des rois et du peuple : « C'est en vain que l'on tend un filet à celui qui a des ailes. » Elle était au-dessus du succès. Le bruit des bénédictions qui montait ininterrompu jusqu'à elle allait montant vers Dieu, semblable au bruit des grandes eaux, au concert éternel des harpes dont parle le Livre.

Certes, toutes les causes nobles de joie s'exaltèrent en elle jusqu'à la fin, et l'on ne se représente pas sans émotion notre Gallo-Romaine accueillant Clovis dans ce Paris qu'elle avait guidé, qu'elle avait soutenu dans sa résistance.. Mais on ne pourrait surprendre là ni vanité satisfaite, ni ombre de retour sur elle-même. Et s'il nous était permis de lui attribuer une parole que nos textes n'indiquent pas, ce serait, allant au-devant de Clovis et de Clotilde, le « Vive le Christ qui aime les Francs », inscrit au début de nos vieilles lois.

Du reste, elle ne demeure pas oisive, même dans ces heures d'extrême vieillesse. Et comme, après la délivrance des Huns, elle avait convié Paris à travailler, à ériger une basilique à saint Denys, je suis bien sûre que c'est elle qui, d'accord avec Clotilde, inspire à Clovis, consul et roi, d'élever en action de grâces une basilique aux saints apôtres. Sur cette église, par exemple, et sur le mode de son érection, aucun détail ne nous manque

Le mont Lutèce, où se dresse maintenant le Panthéon, fut choisi comme emplacement. Il était alors planté de jardins et de vignes, avec, au sommet, le plus ancien cimetière de Paris. L'évêque Prudence y reposait, entouré de ses ouailles. Clovis voulut marquer lui-même, à la mode franque, les dimensions de la nouvelle basilique ; et j'imagine que les Gallo-Romains se pressaient nombreux sur les flancs de la colline pour ne rien perdre d'un spectacle si nouveau pour eux. Pour cette fois, le consul et l'auguste a dépouillé la chlamyde, la toge de pourpre et la couronne d'or. Il est en armes, tel que les siens l'ont élevé sur le pavois, les longs cheveux au vent, entouré de ses compagnons d'armes. C'est le Franc parmi ses Francs. Il tient à la main la terrible hache d'armes, qui a marqué sa vaillance en tant de combats ; mais ne craignons rien, Geneviève est là avec Clotilde ; le clergé y est aussi. Et si Clovis réunit toutes ses forces pour jeter la francisque plus loin qu'elle n'est jamais allée, ce n'est pas dans une intention sanguinaire ; c'est pour faire plus grande et plus splendide la maison de Dieu. Il y réussit. Deux cents pieds de long ; soixante de large ; un triple portique à l'occident ; l'intérieur lambrissé, des mosaïques, des fresques représentant l'Ancien et le Nouveau Testament ; des bâtiments spéciaux pour les clercs ; des dotations magnifiques, Rosny, Tossigny, Vanves, Choisy, Nanterre... rien ne manque.

Nanterre ? Est-ce que, comme Clotilde le fit, Geneviève n'aurait pas offert

son héritage à la basilique? L'humble
demeure, avec le puits, où elle allait
puiser, et la prairie bordée de grands
hêtres où elle priait en gardant peut-être
son petit troupeau? A qui pouvait aller
l'héritage de Geneviève, sinon à l'Église?
Et où pourra reposer définitivement
notre Geneviève elle-même sinon au
pied d'un autel?... Est-il un barbare,
le lanceur de francisque, qui a compris
cela? Et n'est-ce pas la plus haute, la
plus noble des pensées d'avoir réservé
dans la crypte, non loin de son tombeau
et de celui de Clotilde, la sépulture de la
sainte de la patrie?

Clovis aimait Geneviève, dit le chroniqueur; et il éleva la basilique aux
saints apôtres Pierre et Paul pour lui
faire honneur, c'est-à-dire sans doute

pour déférer à ses prières. Il écoutait
en effet volontiers toutes ses demandes.
Les malheureux et les prisonniers le sa-
vaient. Il la vénérait à l'exemple de Childéric. Elle, elle intercédait pour lui, pour
Clotilde, pour leurs enfants. Il mourut
deux mois avant elle (27 novembre 511),
sans avoir achevé sa basilique et son
œuvre ; portant au jugemen t suprême
une âme inachevée aussi.

On raconte que souvent, dans les
nuits d'hiver, lorsque notre sainte se
rendait à l'église pour les matines, avec
ses compagnes, le vent avait tôt fait
d'éteindre les cierges qui éclairaient les
saintes femmes. Mais sitôt que la main
de Geneviève les touchait, la flamme se
rallumait d'elle-même et brillait, éclatante, malgré les orages ou la tempête.

Et son cierge à elle brûlait toujours.

C'est son dernier miracle. Et je pense qu'en entrant dans les sombres défilés de la mort, le grand homme et le grand roi que fut Clovis, absous une dernière fois par Rémy, fixa les yeux sur la petite flamme mystique qui le guidait jusqu'au bord de l'éternel rivage.

CHAPITRE XIV

C'est fini. Paris sait maintenant que
sa sainte va mourir. On ne nous dit pas
quel mal l'emporte. Peut-être seulement d'avoir trop longtemps vécu. Geneviève a quatre-vingt-neuf ans. Elle
est restée active et bienfaisante jusqu'à
la fin. Et nous disions qu'elle regardait
sa vie écoulée, assise au seuil de sa demeure... Assise, oui... Mais, avant de ren-
trer pour mourir, elle s'est levée une dernière fois, elle embrasse du regard Paris
— son Paris ! Comme elle l'a aimé !...
Comme elle l'a servi, protégé, défendu
quelquefois même malgré lui-même...

Tous ceux qui lui étaient chers sont morts. Mais, après Dieu, elle a aimé son Paris d'un amour au-dessus de tous les amours. Je pense qu'il lui est dur de le quitter. Et elle, dont la prière est toute-puissante, obtient du Seigneur de veiller toujours sur cette cité d'un charme unique, fait du charme affiné de toute la France. Les compatriotes de Geneviève, à travers les siècles, ont tenu avec elle le pacte de l'heure suprême. Elle les garde, mais ils l'entourent comme ils firent dans les dernières heures, en une procession ininterrompue des riches, des pauvres, des humbles, des enfants... Elle priait à sa façon, incessante, perdue dans le recueillement, l'humilité et l'amour. Mais « *benegnissima* » jusqu'à la fin, « *dulcissima* », elle sourit à tous ; et elle bénit chacun de ceux qui l'approchent. Le clergé est là, la fortifiant des dernières prières, de ces psaumes, sa prière quotidienne et sociale surtout, la prière de l'Église, avec toute l'Église... Et puisque c'est fini, puisqu'elle ne peut plus sortir, voilà la sainte Eucharistie ; voilà le Seigneur. Il entre comme autrefois dans les demeures de la Galilée, non pas pour la guérir, — oh ! non, que ferait-elle de la vie, maintenant ? son œuvre est faite — mais pour l'emmener avec Lui dans son paradis.

Il se fait un grand silence en elle et autour d'elle. Toute sa vie se résume, très simple, en une image et en un mot devant le Maître de la vie. C'est le grand évêque Germain qui l'engage au service du Christ, et lui tend une médaille :

— Veux-tu te consacrer au Seigneur?

La femme de quatre-vingt-neuf ans répond comme l'enfant de six ans, de toute son âme, mais d'une âme qui a été fidèle à travers sa longue vie :

— Je veux.

Et elle serre encore dans sa main le signe et le symbole de cette vie, la médaille gallo-romaine marquée d'une Croix.

FIN

Cet ouvrage a été achevé d'imprimer par

Plon-Nourrit et Cie,

à Paris, le 5 décembre 1924.